Pema Chödrön

Beginne, wo du bist
Eine Anleitung zum mitfühlenden Leben

Pema Chödrön

Beginne, wo du bist

Eine Anleitung
zum mitfühlenden Leben

AURUM

Die amerikanische Originalausgabe erschien unter dem Titel
»START WHERE YOU ARE« bei Shambhala Publications, Boston.
Ins Deutsche übersetzt von Thomas Mennicken.

MIX
Papier aus verantwortungsvollen Quellen
FSC www.fsc.org FSC® C083411

www.kamphausen.media

13. Auflage 2024

Bibliografische Information der Deutschen Nationalbibliothek Die Deutsche Nationalbibliothek verzeichnet diese Publikation in der Deutschen Nationalbibliografie; detaillierte bibliografische Daten sind im Internet über **http://dnb.d-nb.de** abrufbar.

ISBN Print 978-3-89901-374-0
ISBN E-Book 978-3-89901-887-5

Druck: CPI Books GmbH

Für meine Mutter Virginia
und meine Enkelin Alexandria

Inhalt

Vorwort

Dieses Buch handelt vom Öffnen des Herzens. Es soll allen Menschen als Leitfaden dienen, die lernen möchten, ihr wahrhaft mitfühlendes Herz zu öffnen.

Die hier beschriebenen Lehren sind gerade in der heutigen Zeit von großem Nutzen, wo so viele Menschen Hilfe brauchen, um mit ihren seelischen Verletzungen umgehen und gleichzeitig das Leid lindern zu können, das sie um sich herum sehen. Wenn wir erkannt haben, daß wir uns vor uns selbst und anderen verschließen, erfahren wir hier, wie wir uns öffnen können. Wenn wir erkannt haben, daß wir etwas zurückhalten, lernen wir hier, wie wir geben können. Es gilt, das Unangenehme und Verhaßte in uns selbst und anderen ehrlich und mitfühlend zu erkennen und anzunehmen. Es gilt, vorbehaltlos für andere da zu sein.

Ich begegnete diesen Lehren zum ersten Mal in dem Buch *Der große Pfad des Erwachens* von Jamgon Kongtrul, dem großen tibetischen Lehrer des 19. Jahrhunderts. Sie werden *Lojong*-Lehren genannt und enthalten sehr hilfreiche Anweisungen für die Tonglen-Meditationspraxis und die Arbeit mit den Sieben Punkten des Geisttrainings. Ursprünglich stammen sie aus einem alten tibetischen Text, dem *Grundtext der Sieben Punkte des Geisttrainings* von Chekawa Yeshe Dorje (siehe Anhang).

Lojong bedeutet »Geisttraining«. Die Lojong-Lehren behandeln sieben Themen und enthalten neunundfünfzig prägnante Losungen, die als Gedächtnishilfen dienen.*

---

* Die Losungen sind auch als Kartensatz erhältlich, der für die Arbeit mit diesem Text nützlich ist. (Informationen hierzu auf Seite 203).

Die Arbeit mit den Losungen bildet das Herzstück dieses Buches. Wir bewegen uns hier in der Tradition des Mahayana-Buddhismus, wo mitfühlender Austausch und mitfühlende Beziehungen zu anderen eine große Rolle spielen. Wir sind längst nicht so festgelegt, wie wir denken. In Wirklichkeit spielt sich unser tägliches Leben in einem unglaublich weiten Raum ab. Die *Lojong*-Lehren helfen uns zu erkennen, daß die Vorstellung von einem abgetrennten Ich und einzelnen anderen ein verhängnisvoller Irrtum ist, den es zu durchschauen und loszulassen gilt.

Tonglen bedeutet »Nehmen und Geben«. Diese Meditationspraxis wurde entwickelt, um gewöhnliche Menschen, also uns, mit der Offenheit und Sanftheit ihrer Herzen in Berührung zu bringen. Wir, die wir es gewohnt sind, unsere verwundbaren Stellen abzuschirmen und zu schützen, erfahren durch die Tonglen-Praxis, was es bedeutet, Mensch zu sein. Wir bekommen Gelegenheit, die Reichweite unseres Mitgefühls zu vergrößern. Ich hoffe, daß dieses Buch möglichst viele Menschen anspornen und ermutigen wird, diese Gelegenheit wahrzunehmen.

Als ich die Lojong-Lehren zum ersten Mal las, erstaunte mich die ungewöhnliche Aussage, daß unsere Schwierigkeiten und Probleme uns helfen können, unsere Herzen zu öffnen. Statt die unliebsamen Seiten des Lebens als Hindernisse zu betrachten, macht Jamgon Kongtrul deutlich, daß sie der Rohstoff sind, der für das Erwachen wahren, nicht-berechnenden Mitgefühls nötig ist: Der Schlüssel liegt in uns selbst. Während Kongtrul in seinem Kommentar das Hauptgewicht auf die Beschäftigung mit dem Leid anderer legt, ist es heutzutage wichtig, zunächst Mitgefühl für die eigenen Wunden zu entwickeln. Dieses Buch betont immer wieder, daß bedingungsloses Mitgefühl für sich selbst zwangsläufig zu bedingungslosem Mitgefühl für andere führt. Nur wenn wir bereit sind, voll und ganz zu uns selbst zu stehen und uns selbst niemals aufzugeben, sind wir in der Lage, auch anderen beizustehen und sie niemals aufzugeben. Wahres Mitgefühl entspringt nicht dem Wunsch, anderen zu helfen, die schlechter dran sind, sondern der Erkenntnis, daß wir mit allen Lebewesen verbunden sind.

Später hörte ich diese Anweisungen in einer moderneren Sprache von meinem eigenen Lehrer, Chögyam Trungpa Rinpoche. (Sie sind in seinem Buch *Training The Mind* nachzulesen.) Trungpa Rinpoche war noch sehr jung, als er erstmals mit diesen Lehren in Berührung kam, und er betonte, wie tröstlich es für ihn war, zu erkennen, daß der Buddhismus im alltäglichen Leben so nützlich und hilfreich sein kann. Er war begeistert zu erfahren, daß man einfach alles, was einem im Leben begegnet, zu einem Teil des Pfades machen kann, und daß alles dazu dienen kann, Intelligenz, Mitgefühl und die Fähigkeit, alles immer wieder neu und unvoreingenommen zu betrachten, wachzurufen.

In den Wintern 1992 und 1993 leitete ich einmonatige Meditationsprogramme, sogenannte *Dathüns*, die vollkommen auf die Lojong-Lehren und die Tonglen-Meditationspraxis aufbauten. Am wichtigsten war es uns Teilnehmern, diese Anweisungen auch dann beständig in die Praxis umzusetzen, wenn wir mit den unvermeidlichen Enttäuschungen und Schwierigkeiten des täglichen Lebens konfrontiert wurden. Wir betrachteten das Dathün als Möglichkeit, uns die Anweisungen zu Herzen zu nehmen und sie auf alle Situationen anzuwenden, besonders auf solche, in denen wir normalerweise dazu neigen, uns in Tadel, Verurteilungen oder Verdrängungen zu ergehen. Wir nutzten die Chance, uns unmittelbar offenen Herzens und offenen Geistes mit den Aggressionen, Begierden und Ablehnungen auseinanderzusetzen, die uns in uns selbst und in anderen begegneten.

Auch Menschen, die nicht mit der Meditationspraxis vertraut sind, bekommen durch die Lojong-Lehren die Möglichkeit, ihr Verhalten grundlegend zu verändern: Sie können sich mitfühlend mit allem auseinandersetzen, was sie normalerweise gern verdrängen, und lernen, das wegzugeben und mit anderen zu teilen, was ihnen selbst am kostbarsten ist.

Diejenigen, die bereit sind, Sitzmeditation und Tonglen-Meditation zu üben und kontinuierlich mit den Losungen zu arbeiten, werden erfahren, was es heißt, wirklich zu lieben. Diese Methode läßt viel Raum, in dem wir uns entspannen und öffnen können. Dies ist der Pfad des bedingungslos mitfühlenden Lebens, und er ist besonders für diejenigen geeignet, denen bewußt ist, daß sie in einer Zeit der Dunkelheit leben. Möge er von Nutzen sein.

Danksagung

Ich danke Pat Cosineau und Lynne Vande Bunte für ihre Hilfe bei der Herstellung dieses Buchs: Sie haben den größten Teil der Schreibarbeit übernommen. Judith Anderson, Marilyn Hayes, Trime Lhamo, Lynne Vande Bunte und Helen Tashima besorgten die Mitschriften. Vielen Dank auch an Pam Gaines, die nicht nur selbst beim Schreiben mithalf, sondern auch andere Leute zum Helfen gewann, und besonderen Dank an Migme Chödrön, die die erste Bearbeitung des Originalmanuskripts übernahm und mir während der ganzen Entstehungszeit dieses Buches unterstützend zur Seite stand. Zu guter Letzt danke ich Emily Hilburn Sell von Shambhala Publications, die sich wieder einmal bereitgefunden hat, die Reden in ihre endgültige Form zu bringen.

1

Keine Ausflucht, kein Problem

Wir haben schon alles, was wir brauchen. Es ist nicht nötig, besser sein zu wollen. All die Zwangsvorstellungen, die wir uns auferlegen – die dauernde Angst, schlecht zu sein, die dauernde Hoffnung, gut zu sein, die Identitäten, an die wir uns so heftig klammern, die Wut, der Ärger, das Suchtverhalten – all das kann unseren ureigenen Reichtum nicht antasten. Diese Vorstellungen sind wie Wolken, die vorübergehend die Sonne verdunkeln. Doch die Sonne, die Wärme und der Glanz eines jeden von uns, ist die ganze Zeit über da. Sie ist, was wir sind. Wir sind nur ein Augenzwinkern vom vollständigen Erwachen entfernt.

Wenn wir uns selbst auf diese Weise betrachten, gehen wir völlig anders an die Sache heran, als wir es normalerweise tun. So gesehen, brauchen wir uns gar nicht zu ändern: Wir können uns so elend fühlen wie der letzte Hund und sind immer noch gute Anwärter auf die Erleuchtung. Wir können uns wie ein hilfloser Krüppel ohne Arme und Beine vorkommen – und doch ist genau dieses Gefühl der größte Reichtum, den wir haben, und nichts, das man loswerden oder verbessern muß. In diesem ganzen Schmodder, den wir hassen und loswerden wollen, liegt ein Schatz begraben. Die schönen Dinge – das, was wir an uns so mögen, die Eigenschaften, auf die wir stolz sind und die uns begeistern – auch die machen unseren Reichtum aus.

Mit den Anweisungen in diesem Buch können wir da anfangen, wo wir gerade sind. Wenn wir voller Wut stecken, von Fehlschlägen verfolgt werden oder uns niedergeschlagen fühlen, sind die hier beschriebenen Anweisungen gerade richtig, weil sie uns helfen, die unliebsamen Aspekte des eigenen Lebens als Hilfsmittel zur Erweckung von Mitgefühl für uns selbst und andere zu verwenden. Diese Anweisungen zeigen uns, wie man sich selbst akzeptiert, wie man sich unumwunden mit dem Leiden auseinandersetzt, wie man aufhört, vor den schmerzhaften Aspekten seines Lebens wegzulaufen. Sie lehren uns, wie man offenen Herzens mit dem Leben umgeht, dem Leben, so wie es ist.

Wenn wir das Wort »Mitgefühl« hören, so bedeutet das für uns zwangsläufig, sich um andere zu kümmern und Verantwortung für andere zu übernehmen. Der Grund, warum wir uns oft vor anderen verschließen – vor unserem Kind, unserer Mutter, jemandem, der uns beleidigt, oder jemandem, der uns Furcht einjagt –, liegt jedoch darin, daß wir uns selbst gegenüber nicht genügend offen sind. Große Teile unserer selbst sind uns so unwillkommen, daß wir jedesmal Reißaus nehmen, wenn sie auftauchen.

Und weil wir immer Reißaus nehmen, schaffen wir es nie, voll und ganz da, wirklich anwesend zu sein. Ständig verpassen wir den Augenblick, den wir gerade erleben. Doch nur, indem man den Augenblick, den man gerade erlebt, wirklich wahrnimmt, entdeckt man seine Einzigartigkeit, seine Kostbarkeit und seine vollkommene Frische. Er wiederholt sich nie. Jeder Moment kann verehrt und gefeiert werden – es gibt nichts Heiligeres. Es gibt nichts Umfassenderes oder Absoluteres. In Wahrheit ist das alles, was es gibt!

Nur in dem Maß, in dem wir unseren persönlichen Schmerz erkennen, nur in dem Maß, in dem wir mit allen Aspekten des Schmerzes vertraut sind, können wir furchtlos genug, mutig genug und Krieger genug sein, um es mit dem Schmerz der anderen aufzunehmen. Das gelingt uns deshalb, weil wir erkannt haben, daß sich ihr Schmerz und unser eigener Schmerz nicht unterscheiden.

Um das vollbringen zu können, benötigen wir Hilfsmittel, und dieses Buch macht uns mit drei sehr wichtigen vertraut: der Sitzmeditation (*Shamatha-Vipashyana*-Meditation), der Praxis des Nehmens und Gebens *(Tonglen)* und der Arbeit mit den Losungen (bezeichnet als Die Sieben Punkte des Geisttrainings oder *Lojong*).

Diese Praktiken wecken unser Vertrauen darauf, daß wir die Weisheit und das Mitgefühl, die wir brauchen, bereits in uns tragen. Sie helfen uns, uns selbst kennenzulernen: unsere groben Seiten, unsere sanften Seiten, unsere Leidenschaft, Aggression, Unwissenheit und Weisheit. Der Grund, warum Menschen anderen Menschen Leid zufügen, der Grund, warum unser Planet verschmutzt wird und es Menschen und Tieren heutzutage nicht besonders gut geht, besteht darin, daß die einzelnen Individuen nicht genügend über sich selbst Bescheid wissen, daß sie nicht genügend Vertrauen in sich selbst haben und sich selbst nicht genügend lieben. Die Shamatha-Vipashyana-(»Ruhe-Einsicht«-)Technik der Sitzmeditation ist ein goldener Schlüssel, mit dessen Hilfe wir die Tür zu uns selbst öffnen können.

Shamatha-Vipashyana-Meditation

Bei der Shamatha-Vipashyana-Meditation sitzen wir aufrecht mit verschränkten Beinen und geöffneten Augen, die Hände ruhen auf den Oberschenkeln. Dann beginnen wir, einfach darauf zu achten, wie unser Atem ausströmt. Es gehört Präzision dazu, ganz bei seinem Atem zu sein. Andererseits ist es ein außerordentlich entspannter und sanfter Zustand. »Sei ganz bei deinem Atem, wie er ausströmt«, bedeutet das gleiche wie: »Sei vollständig gegenwärtig. Sei ganz anwesend bei allem, was gerade geschieht.« Die Aufmerksamkeit auf den ausströmenden Atem zu richten, bedeutet auch, aufmerksam für andere Geschehnisse zu sein – Straßengeräusche und Licht, das auf die Wände fällt. Diese Dinge können unsere Aufmerksamkeit auf sich ziehen, ohne uns abzulenken. Wir fahren fort, einfach dazusitzen und auf unseren ausströmenden Atem zu achten.

Das Beobachten des Atems ist jedoch nur ein Teil der Technik. Es geht auch um die Gedanken, die uns dauernd durch den Kopf schwirren. Wir sitzen hier und führen Selbstgespräche. Die Anweisung lautet, daß wir in dem Moment, in dem wir bemerken, daß wir gerade etwas gedacht haben, es mit der Bezeichnung »Denken« versehen. Wenn der Geist abschweift, sagen wir zu uns selbst »Denken«. Ob die Gedanken gewalttätig sind, leidenschaftlich oder voller Unwissenheit und Ablehnung, ob sie sorgenvoll oder furchtsam sind, ob sie spirituell oder erfreulich sind in bezug auf das, was wir gerade tun, angenehme Gedanken, erbauliche Gedanken, was auch immer für Gedanken es sind, wir bezeichnen sie alle ohne Urteil oder Strenge einfach als »Denken« und tun das mit Ehrgefühl und Sanftmut.

Der Kontakt mit dem Atem ist leicht aufrechtzuerhalten. Nur etwa 25 Prozent der Aufmerksamkeit liegen auf dem Atem. Wir brauchen den Atem nicht festzuhalten oder uns daran festzubeißen. Wir öffnen uns, lassen den Atem sich mit der Weite des Raums vermischen, lassen ihn einfach in die Weite hinausströmen. Danach entsteht so etwas wie eine Pause, eine Lücke, bis der nächste Atemzug ausströmt. Während wir einatmen, geraten wir vielleicht in einen Zustand des Sich-Öffnens und Wartens. Es ist so, als hätten wir an einer Tür geklingelt. Nun warten wir, ob jemand aufmacht. Dann drücken wir wieder auf die Klingel und warten, ob jemand aufmacht. Dann schweift der Geist vielleicht ab, und wir bemerken, daß wir wieder denken. An diesem Punkt sagen wir wieder »Denken«.

Es ist wichtig, gewissenhaft mit dieser Technik umzugehen. Wenn wir bemerken, daß das Bezeichnen einen strengen und negativen Ton annimmt, als würden wir »verdammt!« sagen, daß wir es uns also selbst schwermachen, sollten wir noch mal »Denken« sagen und die düstere Stimmung dabei einfach weglassen. Es geht nicht darum, die Gedanken abzuknallen wie Tontauben. Lieber sollten wir sanftmütig sein und das Bezeichnen als Chance betrachten, uns selbst gegenüber Empfindsamkeit und Mitgefühl zu entwickeln. Betrachten wir die Meditation als eine Arena. Alles, was darin auftaucht, ist in Ordnung. Es geht nur darum, es ehrlich zu betrachten und Freundschaft damit zu schließen.

Was auftaucht, mag peinlich und schmerzhaft sein, aber es ist dennoch sehr heilsam, weil es uns etwas über den Fehler lehrt, uns vor uns selbst zu verstecken. Es ist heilsam, die eigene Hinterlistigkeit zu erkennen, die eigenen Ausflüchte, und zu erfahren, wo wir überall dichtmachen, leugnen, abstreiten, anderen Leuten Vorwürfe machen – all die kleinen schmutzigen Tricks, die wir so drauf haben. Wir können uns all das mit einer gehörigen Portion Humor und Freundlichkeit bewußt machen. Wenn wir über uns selbst Bescheid wissen, werden wir auch herausfinden, was Menschlichkeit ist. Jeder hat mit so etwas zu kämpfen. Jeder steckt da drin. Wenn wir also feststellen, daß wir mit uns selbst reden, bezeichnen wir es als »Denken« und achten dabei auf den Klang unserer Stimme. Geben wir unserer Stimme einen mitfühlenden, freundlichen und humorvollen Klang. Dann werden wir alte festgefahrene Muster ändern, die der ganzen Menschheit eigen sind. Mitgefühl für andere beginnt mit Freundlichkeit sich selbst gegenüber.*

* Wer noch keine Erfahrung mit der Sitzmeditation hat, sucht möglicherweise eine(n) erfahrene(n) Meditationsanleiter(in). Am Ende des Buches befindet sich eine Liste von Meditationszentren, die weiterhelfen.

Lojong

Lojong (oder Geisttraining) besteht aus zwei Elementen: der Praxis, die Tonglen-Meditation heißt, und der Lehre, die über Losungen vermittelt wird. Ziel von Lojong ist es, Freundschaft zu schließen mit dem, was man an sich selbst und anderen ablehnt und für »schlecht« hält. Gleichzeitig soll man versuchen, großzügig mit dem umzugehen, was man an sich selbst mag und »gut« findet. Wenn wir unser Leben auf diese Weise gestalten, beginnt etwas in uns zu reifen, das möglicherweise lange Zeit verschüttet war. Dieses »Etwas« wird in unserer Tradition *Bodhicitta* oder erwachtes Herz genannt. Es ist etwas, das wir bereits besitzen, aber meistens noch nicht entdeckt haben.

Es ist, als seien wir arm und heimatlos und müßten hungern und frieren, und genau dort, wo wir uns jede Nacht zum Schlafen hinlegen, liegt, ohne daß wir etwas davon ahnen, ein Topf voller Gold vergraben. Dieses Gold ist Bodhicitta. Die Verwirrtheit und das Elend entstehen, weil wir nicht wissen, daß das Gold vor unserer eigenen Nase liegt, und wir ständig woanders danach suchen. Immer wenn wir von Freude, Erleuchtung, Erwachen oder Aufwecken des Bodhicitta sprechen, dann bedeutet das, daß wir das Gold schon haben und gerade erkennen, daß es immer schon da gewesen ist.

Eine grundlegende Lojong-Lehre besagt, daß es möglich ist, die Sitzhaltung beizubehalten, wenn sie schmerzhaft ist, und sich dem Schmerz zu nähern. Damit kehrt man das übliche Muster um, das darin besteht, sich abzuwenden, zu flüchten. Lojong lehrt, unliebsamen Dingen gegenüber einfach die Haltung zu ändern: Wenn etwas weh tut, entwickeln wir die Bereitschaft, es nicht nur auszuhalten, sondern zu nutzen, um unser Herz öffnen und uns sanfter werden zu lassen. Wir lernen anzunehmen.

Reizvolle oder angenehme Erfahrungen möchten wir normalerweise festhalten und dauerhaft machen. Wir möchten nicht, daß sie vorübergehen, und sind nicht bereit, sie zu teilen. Wenn wir schöne Erfahrungen machen, werden wir von den Lojong-Lehren angespornt, an andere Menschen zu denken und sie daran teilhaben zu lassen. Teile deinen Reichtum. Sei großzügig mit deiner Fröhlichkeit. Verschenke, was du dir am meisten gewünscht hast. Sei großzügig mit deinen Einsichten und deinem Vergnügen. Fürchte nicht, sie zu verlieren, und versuche nicht, sie festzuhalten, sondern teile sie mit anderen.

Ob Schmerz oder Freude, durch Lojong-Praxis erlangen wir die Fähigkeit, unsere Erfahrungen als das anzunehmen, was sie sind, ohne sie beeinflussen, beiseite schieben oder festhalten zu wollen. Die freudvollen Seiten des Menschseins sind genau wie die schmerzhaften ein Mittel zur Erweckung von Bodhicitta.

Ein Motto verdeutlicht das grundlegende Prinzip der Tonglen-Praxis und der Arbeit mit den Losungen besonders gut: »Gewinn und Sieg den anderen, Verlust und Niederlage zu mir.« Das tibetische Wort für Stolz oder Hochmut, *ngagyal*, bedeutet wörtlich übersetzt »Ich-sieghaft«. Ich zuerst. Ego. Diese »Ich-sieghaft«-Haltung ist die Ursache allen Leidens.

Im Kern besagt dieses kurze Sprichwort, daß Worte wie *Sieg* oder *Niederlage* vollständig davon durchdrungen sind, wie man sich selbst schützt, wie man sein Herz abschirmt. Normalerweise bedeutet zu siegen, sein Herz so abzuschirmen, daß nichts durchkommt, und dann glauben wir, wir hätten den Krieg gewonnen. In Wirklichkeit ist die Rüstung um den empfindlichen Punkt – unser verwundbares Herz – härter geworden und die Welt kleiner. Möglicherweise wird uns eine ganze Woche lang nichts mehr etwas anhaben können, aber wir sind nicht mehr so mutig, und unsere Fähigkeit, uns um andere zu kümmern, verkümmert völlig. Haben wir den Krieg wirklich gewonnen?

Das Gefühl, eine Niederlage erlitten zu haben, bedeutet hingegen, daß etwas zu uns durchgedrungen ist. Etwas hat unseren empfindlichen Punkt getroffen. Die Verletzlichkeit, deretwegen wir uns seit Ewigkeiten eingepanzert hatten, wurde von etwas berührt. Vielleicht hat nur ein Schmetterling sie berührt, aber weil wir so etwas noch nie zuvor gespürt haben, laufen wir nun los und kaufen Vorhängeschlösser und Rüstungen und Gewehre, damit wir das nie mehr spüren müssen. Wir besorgen uns alles mögliche – sieben Paar Stiefel, die eins in das andere passen, damit wir nie mehr den Boden spüren müssen, zwölf Masken, damit uns niemand ins Gesicht sehen kann, neunzehn Rüstungen, damit niemand unsere Haut berühren kann, geschweige denn unser Herz.

Die Worte *Niederlage* und *Sieg* sind sehr eng verbunden mit der Art und Weise, wie wir uns selbst einkerkern. Die eigentliche Verwirrung besteht darin, daß wir den unbegrenzten Reichtum, über den wir verfügen, nicht erkennen, und die Verwirrung wird jedesmal schlimmer, wenn wir in diese Gewinn-/Verlustlogik hineingeraten: Wenn man mich berührt, ist das eine Niederlage, und wenn meine Rüstung so perfekt sitzt, daß mich nichts berühren kann, ist das ein Sieg.

Den eigenen Reichtum wahrzunehmen, würde der Verwirrung ein Ende setzen. Aber der einzige Weg dahin erfordert, daß wir alles loslassen. Und genau das ist es, wovor uns am meisten graut – die vollkommene Niederlage. Und doch: Einfach loszulassen, würde frischen Wind in das alte, stickige Kellergewölbe unseres Herzens bringen.

Wenn wir sagen: »Verlust und Niederlage zu mir«, so bedeutet das nicht, daß wir Masochisten werden: »Schlag mir den Schädel ein, quäl mich, und ich soll verdammt sein, wenn ich jemals glücklich werde.« Es bedeutet vielmehr, Herz und Geist zu öffnen und das Gefühl der Niederlage zu erfahren.

Du denkst, du bist zu klein, hast Verdauungsstörungen, du bist zu fett und zu dumm. Du sagst dir: »Niemand liebt mich, ich werde immer links liegengelassen. Ich habe keine Zähne mehr, meine Haare werden grau, ich bin total verpickelt, meine Nase läuft.« Das gehört alles in die Kategorie Niederlage, Niederlage des Egos. Nie möchten wir der Mensch sein, der wir sind. Solange wir bei diesem Reklamerummel mitmachen, daß wir jemand anderes zu sein haben, daß wir anders riechen müssen oder anders aussehen, kommen wir nie mit unserem grundlegenden Reichtum in Berührung.

Sagen wir aber: »Sieg den anderen«, anstatt ihn für uns selbst behalten zu wollen, dann bedeutet das, die angenehme Seite des Lebens mit anderen zu teilen. Bin ich schlanker geworden? Wir freunden uns mit unserem Spiegelbild an. Plötzlich gefällt uns die eigene Stimme, oder jemand verliebt sich in uns oder wir verlieben uns in jemanden. Oder eine neue Jahreszeit beginnt und verzaubert unser Herz, oder wir entdecken die Schönheit der schneebedeckten Berge oder der Bäume, die sich im Wind bewegen. Was es auch sei, wir kultivieren unsere Bereitschaft, mit anderen zu teilen, statt geizig oder ängstlich zu sein.

Vielleicht ärgern wir uns über die Losungen. Sie enthalten Aufforderungen wie: »Sei nicht eifersüchtig«, und wir denken »Wie kommen die darauf?« Oder »Sei jedem dankbar«, und wir fragen uns, wie wir das machen sollen oder warum wir uns damit herumquälen müssen. Einige Losungen, wie zum Beispiel »Meditiere stets über alles, was Unwillen hervorruft«, ermahnen uns, eingefahrene Verhaltensweisen über Bord zu werfen. Diese Losungen entsprechen nicht immer dem, was wir gern hören möchten, und erst recht nicht dem, was uns begeistert, aber wenn wir damit arbeiten, werden sie zu einem Teil von uns, wie unser Atem, unser Augenlicht, unser erster Gedanke. Sie werden zu Gerüchen, die wir riechen, zu Tönen, die wir hören. Wir können unser ganzes Dasein von ihnen durchdringen lassen. Das ist das Entscheidende. Die Losungen sind weder theoretisch noch abstrakt. Sie behandeln genau das, was wir sind und was mit uns geschieht. Sie entsprechen vollkommen der Art und Weise, wie wir Erfahrungen machen und mit allem umgehen, was in unserem Leben geschieht. Sie handeln davon, wie wir mit Schmerz und Furcht und Vergnügen und Freude umgehen, und wie diese Erfahrungen uns ganz und gar verwandeln können. Durch die Arbeit mit den Losungen wird das alltägliche Leben zu einem Pfad des Erwachens.

2

Keine große Sache

Die Praxis, der wir uns nun zuwenden wollen, dient dazu, Vertrauen in unsere eigenen erwachten Herzen, unser eigenes Bodhicitta, zu entwickeln. Wenn wir endlich begreifen, wie reich wir sind, wird das Gefühl, eine schwere Last zu tragen, nachlassen, und unsere Fähigkeit, Neugier zu entwickeln, wird zunehmen.

Bodhicitta hat drei Eigenschaften. (1) Es ist empfindlich und zart, das wird als Mitgefühl bezeichnet; (2) gleichzeitig ist es klar und scharf, das nennt man *Prajna*; und (3) es ist offen. Diese letzte Qualität von Bodhicitta wird *Shunyata* genannt und ist auch als Leerheit bekannt. Leerheit klingt kalt. Bodhicitta ist jedoch überhaupt nicht kalt, weil eine Herzensqualität – die Wärme des Mitgefühls – den Raum und die Klarheit durchdringt. Mitgefühl, Offenheit und Klarheit bilden zusammen eine Einheit, und diese Einheit heißt Bodhicitta.

Bodhicitta ist eines jeden Menschen Herz – eines jeden Menschen verwundbares, empfindlich gewordenes Herz. Wenn man nach diesem empfindlichen, verwundbaren Herzen sucht, das wir alle so sorgsam beschützen, wird man nichts finden, was sich herausschneiden und unter ein Mikroskop legen läßt. Wie sehr wir auch suchen, wir finden nichts als ein Gefühl von Zärtlichkeit, vermischt mit einer Spur von Traurigkeit.

Bei dieser Traurigkeit handelt es sich um eine allem innewohnende, eine unbestimmte Traurigkeit. Sie ist ein Teil unserer angeborenen Eigenschaften, ein Familienerbstück. Man nennt sie das wahre Herz der Traurigkeit.

Manchmal betonen wir den mitfühlenden Aspekt unseres wahren Herzens und meinen damit den relativen Teil von Bodhicitta. Manchmal heben wir den offenen und ungreifbaren Aspekt des Herzens hervor und meinen damit den absoluten Teil, das wahre Herz, das man erst noch entdecken muß.

Die erste Losung der Sieben Punkte des Geisttrainings lautet: »Übe dich zuerst in den Vorbereitungen.« Die Vorbereitungen sind die grundlegende Meditationspraxis – die wohltuende, unterstützende, warmherzige, brillante Shamatha-Vipashyana-Praxis. Wenn gesagt wird: »Übe dich zuerst in den Vorbereitungen«, dann heißt das nicht, daß wir zunächst Shamatha-Vipashyana-Praxis üben und dann zu einer Praxis für Fortgeschrittene übergehen. Shamatha-Vipashyana-Praxis ist nicht nur die Erde, auf der wir stehen, sie ist auch die Luft, die wir atmen, und das Herz, das in uns schlägt. Shamatha-Vipashyana-Praxis ist außerdem die Essenz aller anderen Praktiken. Wenn wir also sagen: »Übe dich zuerst in den Vorbereitungen«, so bedeutet das ganz einfach, daß wir ohne diese gute Grundlage nichts hätten, auf das wir bauen könnten. Ohne diese Basis könnten wir die Tonglen-Praxis nicht verstehen – die ich später erklären werde –, und wir würden keine Einsicht in unseren Geist gewinnen, weder in die eigene Torheit noch in die eigene Weisheit.

Als nächstes folgen fünf Losungen, die die Offenheit von Bodhicitta hervorheben, die absolute Qualität von Bodhicitta. Sie verweisen damit auf die Tatsache, daß wir, obwohl wir normalerweise sehr stark von der Gewichtigkeit und Ernsthaftigkeit des Lebens in Beschlag genommen werden, damit anfangen können, nicht soviel Aufhebens darum zu machen und uns mehr mit den gelösteren und fröhlicheren Aspekten des Daseins zu befassen.

Die erste der absoluten Losungen lautet: »Betrachte alle Dharmas als Träume.« Einfacher gesagt: Betrachte alles als Traum. Das Leben ist ein Traum. Der Tod ist, so gesehen, ebenfalls ein Traum; Wachsein ist ein Traum, Schlafen ist ein Traum. Eine andere Möglichkeit, dies auszudrücken, lautet: »Jede Situation ist eine vorüberziehende Erinnerung.«

Heute morgen hat jemand einen Spaziergang gemacht. Jetzt ist es eine Erinnerung. Jede Situation ist eine vorüberziehende Erinnerung. Im Laufe unseres Lebens wiederholt sich vieles – schon manchen Morgen haben wir begrüßt, schon viele Mahlzeiten haben wir gegessen, schon viele Fahrten zur Arbeit und zurück haben wir erlebt, viel Zeit haben wir mit unseren Freunden und unserer Familie verbracht, wieder und wieder, noch mal und noch mal. Alle diese Situationen rufen Ärgernisse, Begehren, Wut und Traurigkeit hervor, alle möglichen Empfindungen in bezug auf die Leute, mit denen wir arbeiten oder leben, denen wir uns zugehörig fühlen oder gegen die wir Front beziehen. Sehr vieles wird sich in gleicher Weise immer wieder ereignen. Das alles bietet hervorragende Möglichkeiten, sich ein Verständnis dafür anzueignen, daß jede Situation eine vorüberziehende Erinnerung ist.

Vor wenigen Augenblicken stand jemand in der Eingangshalle, und jetzt ist es Erinnerung. Aber es erschien uns so real, als es geschah. Jetzt spreche ich, und das, was ich gerade gesagt habe, ist schon vergangen.

Es heißt, daß man an diese Losungen, die auf eine absolute Wahrheit – Offenheit – verweisen, nicht so herangehen sollte, daß man sagt: »Natürlich, ist doch klar«, sondern daß man stets einen geistigen Schwebezustand einnehmen und sich fragen sollte: »Ist das möglich? Träume ich das?« Zwick dich selbst. Träume sind genauso überzeugend wie der Wachzustand. Vielleicht sollten wir anfangen, über die Frage nachzudenken, ob die Dinge möglicherweise nicht so massiv oder verläßlich sind, wie sie scheinen.

Manchmal machen wir diese Erfahrung von selbst, auf natürliche Weise. Ich habe kürzlich etwas über einen Mann gelesen, der per Anhalter ins Gebirge fuhr und allein auf sehr großer Höhe in der Wildnis landete. Wer schon einmal auf sehr großer Höhe gewesen ist, weiß sicher, daß das Licht dort anders ist. Es ist bläulicher und schimmernder. Gegenstände erscheinen heller und nicht so massiv wie etwa im Zentrum einer Großstadt, besonders, wenn man sich längere Zeit allein im Gebirge aufhält. Manchmal ist man sich gar nicht so sicher, ob man wach ist oder schläft. Der Mann schrieb, daß er das Gefühl hatte, als bereite er seine Mahlzeiten im Traum zu, und daß es ihm, wenn er umherging, so schien, als ob er auf Berge zuging, die aus Luft bestanden. Es kam ihm vor, als ob der Brief, den er schrieb, aus Luft gemacht wäre, daß seine Hand eine Phantomhand wäre, die mit einem Phantomstift Phantomwörter schriebe, und daß er sie an einen phantomhaften Empfänger schicken würde. Manchmal machen wir diese Erfahrung, auch im Flachland. Dann erscheint uns die Welt plötzlich größer und weiter.

Ohne jetzt noch weiter darauf eingehen zu wollen, möchte ich dies in die Shamatha-Praxis einbringen. Der Clou besteht darin, daß es keine große Sache ist. Jeder könnte ganz einfach zur Erleuchtung gelangen. Betrachte alle Dharmas als Traum. Mit unserem Denken machen wir ein Riesentheater um uns selbst, unser Leid und unsere Probleme.

Wenn jemand von uns verlangen würde, Anfang, Mitte und Ende jeden Gedankens ausfindig zu machen, würden wir feststellen, daß Gedanken keinen Anfang, keine Mitte und kein Ende zu haben scheinen. Sie sind einfach da. Wir führen Selbstgespräche, wir erzeugen unsere gesamte Identität, unsere ganze Welt, die ganzen Probleme und das Gefühl von Zufriedenheit mit einem stetigen Strom von Gedanken. Aber wenn wir Gedanken festhalten möchten, verwandeln sie sich. Wie die Losung sagt, ist jede Situation, ja sogar jedes Wort und jede Empfindung eine vorüberziehende Erinnerung. Es ist, als wollte man versuchen, den Moment abzupassen, in dem Wasser sich in Dampf verwandelt. Der genaue Zeitpunkt läßt sich nie ermitteln. Wir wissen genau, daß Wasser existiert, denn wir können es trinken und Suppe daraus kochen, und wir wissen auch, daß Dampf existiert, aber den präzisen Augenblick, in dem sich das eine in das andere verwandelt, können wir dennoch nicht erkennen. So ist es mit allem.

Vielleicht hat der eine oder die andere schon einmal in einer langandauernden Phase gesteckt, in der er oder sie sich unterlegen und verletzt fühlte, und ist dieses Gefühl plötzlich ohne besonderen Grund losgeworden. Es verschwindet einfach, und wir fragen uns, warum wir »viel Lärm um nichts« gemacht haben. Worum ging es eigentlich? Dasselbe passiert, wenn wir uns in jemanden verlieben. Erst gehen wir völlig darin auf, vierundzwanzig Stunden am Tag an diesen Menschen zu denken. Wir sind verhext und verzehren uns nach ihm oder ihr. Dann, kurze Zeit danach, »keine Ahnung, was wir falsch gemacht haben, aber das Gefühl ist weg, und ich kann's nicht mehr zurückzaubern«. Jeder kennt das Gefühl, einen Riesenaufstand zu machen, und dann wird uns plötzlich klar, daß wir leeres Stroh dreschen.

Ich möchte uns daher alle dazu auffordern, den Geist leichter und klarer werden zu lassen und mit sehr viel Feingefühl zu praktizieren. Das ist nicht der Ausbildungsoffizier, der brüllt: »Mach den Geist klarer, oder es passiert was!« Ich habe herausgefunden, daß wir, wenn wir die Möglichkeit haben, alles, was wir hören, gegen uns zu verwenden, dies für gewöhnlich auch tun. Wir fühlen uns zum Beispiel verspannt und erinnern uns, daß ich dazu aufgefordert habe, den Geist zu klären, und schon denken wir: »Am besten höre ich mit der ganzen Sitzerei auf, denn ich werde es nie schaffen, meinen Geist zu klären. Ich bin einfach total unbegabt, Bodhicitta oder sonst etwas zu entdecken.«

Sanftheit in unserer Praxis und im Leben hilft uns, Bodhicitta zu wecken. Es ist, als erinnerten wir uns an etwas. Mitgefühl, Klarheit und Offenheit ähneln vorüberziehenden Erinnerungen. Indem wir sitzen und zärtlich mit uns selbst umgehen, können wir etwas Bestimmtes wiederentdecken. Die Erfahrung ähnelt der einer Mutter, die ihr Kind wiederfindet; sie haben einander sehr lange nicht gesehen, und endlich begegnen sie sich wieder. Das Mittel, um sich wieder mit Bodhicitta zu vereinen, besteht darin, die Praxis und das ganze Leben zu klären.

Die Meditationspraxis bildet einen formalen Rahmen, innerhalb dessen wir uns daran gewöhnen können, den Geist zu klären. Ich empfehle, die Anweisungen gewissenhaft zu befolgen, innerhalb des formalen Rahmens jedoch äußerst sanft zu sein. Die ganze Sache muß weich angegangen werden. Die Anweisung für das Ausatmen lautet, beim Ausströmen Kontakt zum Atem zu halten, beim Atem zu sein. Dies sollte einem Entspannen nach außen gleichen. Fühle den Atem, wie er in den weiten Raum strömt und sich darin auflöst. Versuche nicht, ihn zu packen, die Stirn zu runzeln und den Atem festzuhalten, so als ob du nur dann ein anständiger Mensch wärst, wenn du den Atem mit Gewalt in den Griff kriegst. Laß einfach nur nach außen hin locker, indem du atmest.

Das Versehen der Gedanken mit Bezeichnungen hilft wirklich, den Geist zu klären. Es ist eine äußerst nützliche Methode, um sich wieder in Kontakt mit Shunyata zu bringen – dieser offenen Dimension unseres Daseins, dieser frischen, unvorbelasteten Dimension unseres Geistes. Wenn wir an eine Stelle geraten, an der wir »Denken« sagen, können wir dies unbefangen und mit ungeheurer Zärtlichkeit sagen. Betrachte die Gedanken als Seifenblasen und das Bezeichnen als Feder, mit der sie zum Platzen gebracht werden. Mit einer ganz sachten Berührung – »Denken« – werden sie dazu gebracht, sich wieder aufzulösen.

Zerbrich dir den Kopf nicht darüber, etwas erreichen zu wollen oder perfekt zu sein. Sei einfach nur in jedem Moment so gut bei der Sache, wie du kannst. Wenn du bemerkst, daß deine Gedanken mal wieder abschweifen, nimm es einfach nur ganz unbeschwert zur Kenntnis. Diese Sanftheit des Berührens ist der goldene Schlüssel zu deiner Offenheit.

Die Losung besagt, alle Dharmas – also alles – als Traum zu betrachten. In unserem Zusammenhang könnte man auch sagen: »Betrachte alle Gedanken als Traum.« Berühre sie einfach und laß sie ziehen. Wenn du merkst, daß du gerade mal wieder ein Riesendrama veranstaltest, nimm es einfach nur mit sehr viel Sanftheit zur Kenntnis, mit sehr viel Herz. Mach kein Drama draus. Wenn die Gedanken verblassen und du dich immer noch ängstlich und angespannt fühlst, dann laß das Gefühl einfach zu und gib ihm sehr viel Raum. Laß es einfach zu. Wenn die Gedanken wieder hochkommen, dann nimm sie einfach an. Das ist kein Drama. Du kannst loslassen oder versuchen, deinen Geist klar werden zu lassen, ganz wie du willst.

Bei den Losungen des absoluten Bodhicitta geht es darum, daß wir uns mit der offenen, weiträumigen Qualität unseres eigenen Geistes verbinden, so daß es uns möglich wird, zu erkennen, daß wir nicht zuzumachen brauchen und kein Riesendrama aus allem machen müssen. Wenn wir dann doch ein Riesendrama veranstalten, können wir ihm viel Raum geben und es loslassen.

Bei der Sitzpraxis kann man nichts verkehrt machen, egal, wie man gerade drauf ist. Entspanne dich einfach. Entspanne deine Schultern, entspanne deinen Bauch, entspanne dein Herz, entspanne deinen Geist. Entwickle soviel Sanftheit wie möglich. Diese Technik ist im Grunde schon ziemlich präzise. Sie hat eine Struktur und eine Form. Bewege dich innerhalb dieser Struktur mit Wärme und Sanftheit. So wird Bodhicitta erweckt.

3

Den Boden unter den Füßen wegziehen

Wie ich schon sagte, lautet die Hauptanweisung einfach, den Geist zu klären. Wenn wir diese Haltung auf Praxis und Leben anwenden, wenn wir diese sanftere und angemessenere Haltung uns selbst und anderen gegenüber anwenden, beginnt das Gefühl nachzulassen, daß alle eine Last mit sich herumschleppen.

Die nächste Losung lautet: »Erforsche die Natur des ungeborenen Gewahrseins.« Der eigentliche Sinn dieser Losung besteht darin, uns den Boden unter den Füßen wegzuziehen, wenn wir meinen, wir hätten die vorige Losung verstanden. Wenn wir stolz auf uns sind, weil wir es so prima hingekriegt haben zu verstehen, daß alles wie ein Traum ist, dann dient diese Losung dazu, diese selbstgefällige Gewißheit in Frage zu stellen. Sie besagt: »Na schön, und wer soll das sein, der da denkt, er hätte entdeckt, alles sei wie ein Traum?«

»Erforsche die Natur des ungeborenen Gewahrseins.« Wer ist dieses »Ich«? Woher stammt es? Wer ist derjenige, der etwas wahrnimmt? Wer ist derjenige, der ein Bewußtsein hat? Die Losung zielt auf die Durchsichtigkeit jeder Erscheinung, einschließlich unserer allzu liebgewordenen Identität, dieses kostbaren *I-C-H*. Wer ist dieses *Ich*?

Der Schutzpanzer, den wir um unser empfindliches Herz legen, verursacht viel Leid. Aber wir dürfen uns nicht täuschen lassen: Er ist sehr leicht zu durchdringen. Je dicker er wird, desto deutlicher ist er zu sehen, desto klarer läßt sich erkennen, daß dieser Panzer – dieser Kokon – aus Gedanken besteht, die wir aufbauschen, bis wir glauben, sie hätten eine feste Substanz. Der Schutzschild besteht nicht aus Eisen. Der Panzer besteht nicht aus Metall. In Wirklichkeit besteht er aus vorüberziehenden Erinnerungen.

Das absolute Wesen von Bodhicitta entzieht sich jeder Festlegung. Das, worüber wir sprechen können, ist es nicht. Genauso ist es mit dem erwachten Herz: Das, wovon wir glauben zu wissen, was es ist, ist es nicht. Es ist vorüberziehende Erinnerung. Und wenn wir überzeugt sind, die schwere Bürde namens Ego, dieser gewaltige Monsterkokon, sei wirklich, irren wir uns. Es ist nur eine vorüberziehende Erinnerung. Und doch ist unser Herz ungeheuer lebendig. Je mehr wir praktizieren, desto lebendiger wird es. Das ist paradox – es ist unwirklich und doch ungeheuer präsent.

Wieviel Zeit verbringen wir damit, alles festzunageln, dingfest zu machen; ständig versuchen wir, alles handgreiflich und tragfähig erscheinen zu lassen. Genausoviel Zeit verbringen wir mit dem Versuch, die Lebendigkeit unserer Herzen zu unterdrücken, abzuschwächen oder abzuwehren. Wenn wir unser Herz aufwecken, ändern wir das ganze Muster, aber nicht, indem wir ein neues Muster erschaffen. Wir kommen immer mehr davon ab, alles festlegen zu wollen und alles abzusichern, immer zu versuchen, festen Boden unter die Füße zu bekommen. Dieses Aufgeben von Bequemlichkeit und Sicherheit, diesen Aufbruch ins Unbekannte und Unvermessene, Schwankende nennt man Erleuchtung, Befreiung. Genau davon spricht Krishnamurti in seinem Buch *Einbruch in die Freiheit* und Alan Watts in *Weisheit des ungesicherten Lebens*. Es läuft alles auf ein und dasselbe hinaus.

Für die, denen es immer noch nicht aufgefallen sein sollte: Normalerweise verhält man sich nicht so. Normalerweise versucht man, festen Boden unter die Füße zu bekommen. Es ist, als ob man in einem Raumschiff säße, das unterwegs zum Mond ist, und auf jenen kleinen Planeten namens Erde zurückschaut und einem klar würde, daß alles unendlich viel größer ist, als irgend jemand sich überhaupt vorstellen kann, und man käme überhaupt nicht damit zurecht und würde sich statt dessen Gedanken darüber machen, was es wohl zum Mittagessen gibt. Wir sind also im Weltall, haben ein Gefühl von Unendlichkeit und schrauben das alles runter auf die kleinliche Überlegung, was es wohl zum Mittagessen geben wird: Hamburger oder Frankfurter Würstchen. Und genau das tun wir ständig.

Die Aufforderung »Erforsche die Natur des ungeborenen Gewahrseins« enthält das interessante Wort *untersuche*. Es hat nichts mit Suchen und Finden zu tun – »Jetzt hab ich's!« – sondern mit einem Prozeß der Betrachtung und des Nachdenkens, der dazu führt, daß wir eine entspannte Haltung gegenüber Unsicherheit, Widerspenstigkeit oder Ruhelosigkeit einnehmen können – ein Zustand, aus dem viel Freude erwächst.

»Erforsche die Natur des ungeborenen Gewahrseins.« Untersuche einfach das Wesen desjenigen, der erkannt hat – denke darüber nach. Wir können unsere eigene feste Identität in Frage stellen, diese Vorstellung einer in Raum und Zeit eingefrorenen Person, dieses monolithische ICH. Wenn wir in der Sitzmeditation mit einer sanften Berührung jenes Wort »Denken« zu uns selbst sagen, bedeutet das, die Frage ins Spiel zu bringen, wer dieses Denken denkt. Wer bauscht was auf? Was geschieht mit wem? Wer bin ich, der denkt oder Denken als »Denken« bezeichnet oder der sich wieder auf seinen Atem konzentriert oder dem alles weh tut oder der sich wünscht, es gäbe bald Mittagessen?

Die nächste Losung lautet: »Selbst-befreie sogar das Gegenmittel.« Falls du glaubst, du hättest »Erforsche die Natur des ungeborenen Gewahrseins« verstanden, dann gib diese Einsicht, diese Genugtuung, diese Sicherheit, diesen sicheren Boden auf. Das Gegenmittel, das du aufgeben sollst, ist Shunyata selbst. Gib auch die Vorstellung von Leerheit, Offenheit oder Raum auf.

In Indien lebte einst ein Lehrer der verrückten Weisheit namens Saraha. Er sagte, daß diejenigen dumm seien, die glauben, alles sei fest und real; diejenigen aber, die glauben, alles sei leer, seien sogar noch dümmer. Alles verändert sich stetig, und wir versuchen dennoch unentwegt, alles festzulegen und sicherzustellen. Daher müssen wir uns immer wieder den Boden unter den Füßen wegziehen, wenn wir glauben, wir seien zu einem sicheren und endgültigen Ergebnis gekommen. Wir können uns selbst den Boden unter den Füßen wegziehen, oder wir lassen das Leben dies für uns erledigen.

Wenn wir uns selbst den Boden wegziehen, bekommen wir die günstige Gelegenheit, unser eigenes Grundmuster zu ändern, so, als würden wir unsere Erbinformationen, unsere DNS ändern. Eine Möglichkeit, sich selbst den Boden unter den Füßen wegzuziehen, besteht darin, einfach loszulassen, den Geist zu klären, feinfühliger zu sein und kein Riesentheater zu machen.

Diese Herangehensweise unterscheidet sich sehr stark von der Arbeit mit Affirmationen, die in einigen Kreisen eine große Rolle spielt. Affirmationen schreien uns im Grunde zu, daß wir in Ordnung sind, um das Flüstern zu übertönen, das uns sagt, daß wir nicht in Ordnung sind. Das ist etwas ganz anderes, als dieses Flüstern freizulegen, zu begreifen, daß es eine vorüberziehende Erinnerung ist, und sich intensiver mit den ganzen Ängsten und unbequemen Empfindungen zu befassen, die uns vielleicht sagen, daß mit uns nicht alles in Ordnung ist. Alles kein Drama. Niemand ist in Ordnung, und allen geht's gut. Es ist nicht entweder so oder so.

Jeder Mensch ist ein wandelnder Widerspruch, erst recht, wenn er den Mund aufmacht.

Wenn wir alle Dharmas als Träume ansehen und unsere Gedanken als vorüberziehende Erinnerungen betrachten (indem wir sie »Denken« nennen, sie ganz leicht berühren), dann wirken die Dinge nicht mehr wie in Stein gemeißelt. Wir werden spüren, wie die Last, die uns bedrückt, leichter wird. Indem wir unsere Gedanken als »Denken« bezeichnen, erkennen wir ihre Durchlässigkeit und Durchsichtigkeit, und wir erkennen, daß die Dinge ohne feste Substanz sind, sie sind Illusionen. Jedesmal, wenn der Gedankenstrom sich zu einem »festgelegten Drehbuch« verfestigt, in das wir hineingezogen werden, sollten wir unsere Gedanken als »Denken« bezeichnen. Dadurch ermöglichen wir uns zu erkennen, daß die ganze mit diesen Gedanken verbundene Erregung oder die Aggressionen oder das Herzeleid nur vorüberziehende Erinnerungen sind. Wenn wir auch nur eine Sekunde lang tatsächlich das volle Bewußtsein dafür erlangen könnten, daß dies alles nur Gedanken sind, dann wäre das ein Augenblick vollständigen Erwachtseins.

Auf diese Weise beginnen wir, unsere angeborene Fähigkeit des Loslassenkönnens zu wecken und uns wieder mit Shunyata oder dem absoluten Bodhicitta zu vereinigen. Es bedeutet auch, Mitgefühl, Herz, die angeborene Empfindsamkeit – relatives Bodhicitta – aufzuwecken. Wir sollten die Bezeichnungstechnik mit viel Feingefühl als Methode nutzen, um uns mit diesen handfesten Dramen auseinanderzusetzen und uns vor Augen zu halten, daß wir sie alle selbst erschaffen, indem wir Selbstgespräche führen.

Indem wir sagen: »Selbst-befreie sogar das Gegenmittel«, bekommen wir Mut, uns für alles, was uns begegnet, zu öffnen, um es dann wieder loszulassen. Was für kluge Lösungen oder großartige Vorhaben du auch zu bieten hast, laß sie einfach los, laß sie los, laß sie los. Ob du nun gerade zum ersten Mal dem Grundübel deines Lebens auf die Schliche kommst oder nur an ein schönes kühles Bier denkst – woran du auch denkst – laß es los. Wenn dir gerade was Schönes durch den Kopf geht, könntest du, anstatt blindwütig umherzurasseln wie ein Aufziehspielzeug, einfach nur stillhalten, es zur Kenntnis nehmen und loslassen. Diese Technik ermöglicht eine sanfte Herangehensweise, mit der die Massivität der Gedanken und Erinnerungen aufgebrochen wird. Bei starken Erinnerungen kommt es vor, daß etwas zurückbleibt, auch wenn die Worte vergangen sind. Wenn das geschieht, sind wir dem Herzen nähergekommen. Wir nähern uns Bodhicitta.

Die Gedanken, die wir nun mal haben, sind nichts Schlechtes. Auf jeden Fall dient die Meditation nicht dazu, Gedanken loszuwerden – wir werden immer denken. Vorstellungen von Festigkeit, Vorstellungen von Leerheit, laß sie alle los. Wenn es uns gelingt, Dinge loszulassen, stellen die Gedanken kein Problem dar. Aber genau an dieser Stelle sind die Gedanken bei den meisten von uns sehr fest mit der eigenen Identität verknüpft, mit dem persönlichen Problemverständnis und der Vorstellung von der Wirklichkeit.

Die nächste Losung lautet: »Ruhe in der Natur von Alaya, der Essenz.« Wir können lernen, die Gedanken loszulassen und unseren Geist in seinem Naturzustand, in Alaya, ruhen zu lassen. Alaya bedeutet die offene, uranfängliche Ausgangsbasis aller Phänomene. In dieser grundlegenden Offenheit können wir ruhen und die Anschauung all dessen genießen, was uns im Geist erscheint, ohne ein Riesendrama daraus zu machen.

Wenn wir also glauben, alles sei massiv, sitzen wir in der Falle, und wenn wir diese Überzeugung gegen eine andere austauschen, sitzen wir wieder in der Falle. Wir müssen all unseren Glaubenssystemen ausnahmslos den Boden entziehen. Das erreichen wir, indem wir unsere Überzeugungen und unsere Ansichten darüber, was richtig und falsch ist, loslassen und zur Einfachheit und Unverstelltheit des unmittelbaren Erlebens zurückkehren, ruhend in der Natur von Alaya.

4

Laß die Welt sich selbst erklären

Die letzte Losung des absoluten Bodhicitta lautet: »In der Zeit nach der Meditation sei ein Kind der Illusion.« Diese Losung besagt, daß wir, wenn wir nicht in aller Form Meditation praktizieren (was im Grunde auf das gesamte restliche Leben zutrifft), Kinder der Illusion sein sollen. Das ist ein einprägsames poetisches Bild, das aber schwer zu erklären ist. Schon der Stil, in dem diese Losung formuliert ist, bringt uns eher dazu, sie *nicht* erklären zu wollen. Die Idee dahinter ist, daß die Erfahrungen, die wir nach der Sitzpraxis machen, ein Neubeginn sein können oder ein ständiger Anlaß, loszulassen und den Geist zu klären.

Die Losung hat viel damit zu tun, sich umzuschauen und auf die Atmosphäre einzulassen, auf die Umgebung, in der wir uns befinden, und auf die Qualität der besonderen Erfahrungen, die wir machen. Wir werden feststellen, daß alles nicht mehr so massiv erscheint. Etwas geschieht immer, das sich nicht mit Worten oder Gedanken festnageln läßt. Es ähnelt einem Frühlingserwachen. Der erste Frühlingstag hat etwas Besonderes, das bestehen bleibt, egal, welcher Ansicht man darüber ist.

Wenn wir uns mit dem Buddhismus beschäftigen, lernen wir seine Betrachtungsweise und die Meditationspraxis als Hilfsmittel kennen, um das Ego loszulassen und die Dinge so zu nehmen, wie sie sind. Die absoluten Losungen vermitteln uns die angemessene Betrachtungsweise. »In der Zeit nach der Meditation sei ein Kind der Illusion« oder »Betrachte alle Dharmas als Träume« sind zum Beispiel prägnante Hinweise auf eine grundsätzliche Art, die Welt anzuschauen. Es ist gar nicht nötig, daß wir diese Betrachtungsweise ganz genau begreifen, es genügt, daß wir in eine bestimmte Richtung geführt werden. Der Vorschlag, die Welt auf diese Weise zu betrachten – als nicht fest –, legt einen Samen und weckt bestimmte Aspekte unseres Wesens.

Sowohl diese Betrachtungsweise der Dinge als auch die Meditation sind große Hilfen. Sie geben uns etwas, an das wir uns halten können, obwohl alle Lehren sagen, daß man sich an nichts festhalten soll. Wir reden nicht nur, wir kommen zur Sache, und zwar zur Praxis, zur Meditation. Wir können darüber reden, den Geist zu klären, bis wir schwarz werden, aber in der Meditation können wir versuchen, den Geist beim Ausatmen und Bezeichnen klarer werden zu lassen. Wir lernen also eine geeignete Praxis kennen und bekommen eine brauchbare Methode, eine notwendige Disziplin mit auf den Weg.

Betrachtungsweise und Meditation helfen uns, uns genug zu entspannen, damit wir zum Schluß ganz offen dafür sind, was wir erleben. Was Wirklichkeit wirklich ist, läßt sich nicht in Worte fassen. Es gibt keine Formel A + B + C = Erleuchtung.

Die Hilfsmittel werden oft mit einem Floß verglichen. Das Floß wird zum Überqueren eines Flusses benötigt, aber wenn man den Fluß überquert hat, läßt man das Floß zurück. Das ist eine interessante Vorstellung, aber erfahrungsgemäß ist es eher so, daß das Floß schon in der Mitte des Flusses unter uns wegsackt und wir überhaupt keinen festen Boden mehr unter den Füßen haben. Genau das ist damit gemeint, ein Kind der Illusion zu werden.

Das Bild »Kind der Illusion« ist passend, weil kleine Kinder offenbar in einer Welt leben, in der alles noch nicht so festgelegt ist. Alle kleinen Kinder haben einen Sinn für das Wunderbare, den sie später verlieren. Die Losung fordert uns dazu auf, die Welt wieder mit den Augen der Kinder zu sehen.

Neulich las ich ein Buch mit dem Titel *Holographic Universe*, das davon handelt, daß die Wissenschaft inzwischen ähnliche Entdeckungen macht, wie wir sie bei der Sitzpraxis machen. Der Raum, in dem wir sitzen, ist fest und ziemlich real; es wäre Blödsinn, zu behaupten, es gäbe ihn überhaupt nicht. Die Wissenschaft findet aber heraus, daß die physikalische Welt nicht so fest ist, wie es scheint, sondern daß sie eher einem Hologramm gleicht – real und doch gleichzeitig substanzlos. In Wirklichkeit erscheinen die Dinge um so realer, je mehr man ihre Nicht-Festigkeit bemerkt.

Trungpa Rinpoche drückte dieses Paradox in einer poetischen und einprägsamen Sprache aus. Um es in den Worten von *The Sadhana of Mahamudra* auszudrücken: Alles, was wir sehen, ist innerhalb der Leerheit offenbar unwirklich, und doch gibt es zweifellos Form. Was wir sehen, ist nicht vorhanden, und es ist nicht *nicht* vorhanden. Es ist beides zugleich, und es ist keines von beiden. Alles, was wir hören, ist das Echo der Leerheit. Und doch gibt es Töne – sie sind real – als Echo der Leerheit. Dann fährt Trungpa Rinpoche fort: »Gut und schlecht, froh und traurig, alle Gedanken verschwinden in der Leerheit, wie der Abdruck eines Vogels am Himmel.« (»Good and bad, happy and sad, all thoughts vanish into emptiness like the imprint of a bird in the sky.«)

Besser kann man überhaupt nicht erklären, was es heißt, ein Kind der Illusion zu sein. Genau das ist das Entscheidende: Gutes und Schlechtes, Trauriges und Frohes kann man getrost in der Leerheit sich auflösen lassen wie den Abdruck eines Vogels am Himmel.

Praxis und Betrachtungsweise sind Hilfsmittel, aber das, worauf es ankommt – die Erfahrung, daß Töne das Echo der Leerheit sind oder daß alles, was wir sehen, real und zugleich nicht real ist – wird uns nur langsam klar, so, als ob wir aus einem Dornröschenschlaf erwachten. Es läßt sich nicht erzwingen oder vortäuschen. Betrachtungsweise und Praxis müssen ganz sacht erfahren werden und dürfen nicht zu Dogmen werden.

Wir müssen uns die Losungen anhören, auf ihnen herumkauen und über sie nachdenken. Jeder muß selbst herausfinden, was sie bedeuten. Wir sollten sie als Herausforderungen betrachten und nicht als Aufzählung von Tatsachen. Wir müssen ihnen Gelegenheit geben, uns mit der Tatsache zu konfrontieren, daß Tatsachen an sich schon ziemlich zweifelhaft sind. Ob wir wach sind oder schlafen: wir können jederzeit ein Kind der Illusion sein. Selbst über Geburt und Tod hinaus können wir Kinder der Illusion bleiben.

Ein Kind der Illusion zu sein, hat auch viel damit zu tun, kein wandelndes Schlachtfeld zu sein. Wir alle sind voll von intensiven Empfindungen von Gut und Böse, Richtig und Falsch. Jeder hat das Gefühl, teilweise schlecht oder böse zu sein und teilweise gut und edelmütig. Diese gegensätzlichen Paare – glücklich und traurig, Sieg und Niederlage, Gewinn und Verlust – führen gegeneinander Krieg.

In Wahrheit existieren Gut und Böse, Sauer und Süß nebeneinander. Sie stehen in Wirklichkeit nicht im Gegensatz zueinander. Wir sollten anfangen, unsere Augen und Herzen dieser tiefen Erkenntnis zu öffnen, so, als ob wir in eine ganz neue Dimension des Erlebens eintreten würden: Laßt uns Kinder der Illusion werden.

Vielleicht haben wir schon davon gehört, daß der Buddha nicht *da draußen* ist; der Buddha ist im Innern. Der innere Buddha ist das Schlechte und das Gute, das Böse und das Reine gleichzeitig; der innere Buddha ist nicht nur Angenehmes. Der innere Buddha ist auch schmuddelig, nicht nur schön sauber. Der innere Buddha ist richtig schäbig, nicht nur edel und gut – widerlich, stinkend und abstoßend und gleichzeitig das Gegenteil davon: Das alles existiert nebeneinander.

Es ist schwierig, sich diese Betrachtungsweise anzueignen, aber es hilft uns schon weiter, zu hören, daß es sie gibt. Für den schlichten Hausgebrauch könnte man auch sagen: Wenn wir Dinge in uns entdecken, die uns schrecklich und ordinär vorkommen, sollten wir uns überlegen, ob das nicht vielleicht Buddha ist. Wenn wir stolz auf uns sind, weil wir gut meditiert haben oder uns unglaublich heilige Gedanken durch den Kopf gehen, dann ist auch das Buddha. Wenn wir uns mit der Tonglen-Praxis beschäftigen, merken wir erst, wie interessant diese Logik ist. Tonglen und auch die grundlegende Shamatha-Vipashyana-Praxis bringen uns dazu, das gleichzeitige Nebeneinander der Gegensätze zu erkennen. Sie führen keinen Krieg gegeneinander.

In der Meditation plagen wir uns ständig mit dem Versuch herum, bestimmte Sachen loszuwerden, während andere Dinge zum Vorschein kommen. Damit die Welt sich selbst erklären kann, müssen wir erst begreifen, wie heftig wir in Kämpfe verwickelt sind, und dann langsam unser Herz und unseren Geist diesem Umstand öffnen. Betrachtungsweise und Praxis – sowohl in Shamatha-Vipashyana als auch in Tonglen – sollen zu einem sanfteren, feinfühligeren Umgang mit dem ganzen Drama, der ganzen Katastrophe führen. Dann wird es uns möglich, Gegensätze nebeneinander bestehen zu lassen, ohne gleich irgend etwas loswerden zu wollen, und statt dessen Augen, Ohren, Nase, Geschmacksnerven, Herz und Geist zu schärfen und uns allem, was uns begegnet, immer mehr zu öffnen, auch wenn es unser eigenes Dichtmachen ist.

Wir sind so sehr daran gewöhnt, die Welt mit Begriffen wie gut und schlecht, fröhlich und traurig, angenehm und unangenehm zu belegen, daß die Welt überhaupt keine Chance hat, sich selbst zu erklären. Indem wir sagen »Sei ein Kind der Illusion«, lassen wir uns auf diese neue Art zu sehen ein und sind nicht länger Gefangene unserer Hoffnung und unserer Furcht. Wir gehen achtsam, wach und zartfühlend mit unserer Hoffnung und Furcht um. Wir nehmen sie ganz deutlich und mit weniger Voreingenommenheit wahr, beurteilen nicht gleich alles und haben nicht immer gleich das Gefühl, schlecht drauf zu sein. Wenn wir das schaffen, erklärt die Welt sich selbst.

Jemand erzählte mir einmal, wie Trungpa Rinpoche mit Seiner Heiligkeit Dilgo Khyentse Rinpoche in einem Garten saß. Um sie herum standen Leute, nah genug, um ihnen zuzuhören, aber weit genug weg, um ihre Privatsphäre nicht zu stören und ihnen Raum zu lassen. Es war schönes Wetter. Die beiden ehrwürdigen Herren saßen lange einfach nur da, ohne irgend etwas zu sagen. Die Zeit verging, und die beiden saßen immer noch einfach nur schweigend da und schienen es ziemlich zu genießen. Plötzlich brach Trungpa Rinpoche das Schweigen und fing an zu lachen. Er sagte zu Dilgo Khyentse Rinpoche, indem er auf das andere Ende des Rasens zeigte, »Das da nennt man Baum.« Worauf auch Khyentse Rinpoche zu lachen anfing. Wenn wir dabeigewesen wären, dann hätten wir, glaube ich, eine kleine Übertragung davon abbekommen, was es heißt, ein Kind der Illusion zu sein.

Das sollten wir nach der Meditation und für den Rest unseres Lebens praktizieren. Was wir auch tun, ob beim Teetrinken oder bei der Arbeit, wir sollten es hundertprozentig tun. Wo wir auch sind, wir sollten voll und ganz da sein, hundertprozentig.

Verwende die Teepause voll und ganz zum Teetrinken. Das habe ich mir auf Flughäfen angewöhnt, statt zu lesen. Ich sitze da, schaue mir alles an und würdige es. Auch wenn dir die Dinge nicht zusagen, schau sie dir einfach an. Öffne dich allen Empfindungen, sei interessiert und neugierig. Schreib nicht so viel, versuche nicht, alles auf einem Blatt Papier festzuhalten. Oft gibt das Schreiben keine frischen Eindrücke wieder, sondern ist eher ein Versuch, alles einzufangen und festzunageln. Das Einfangen läßt uns blind werden, und wir verlieren unsere weitgeöffneten Augen und unsere Neugier. Hör auf, alles festhalten zu wollen, und du wirst ein Kind der Illusion sein.

Morgens fühlen wir uns so und so. Nachmittags kann es uns vorkommen, als wären Jahre vergangen. Es ist wirklich erstaunlich, wie sich alles dauernd ändert. Da schreibt jemand in einem Brief: »Mir geht's mies.« Aber wenn der Brief beim Empfänger ankommt, ist alles schon wieder ganz anders. Sicher kennen wir das auch, daß wir die Antwort auf einen Brief erhalten und uns fragen: »Wovon reden die bloß?« Wir können uns einfach nicht mehr an die längst vergessene Identität erinnern, über die wir in unserem Brief geschrieben hatten.

Ein nordamerikanischer Indianer hatte den Namen Ishi, was in seiner Sprache »Person« oder »Mensch« heißt. Er ist ein gutes Beispiel dafür, was es bedeutet, ein Kind der Illusion zu sein. Ishi lebte Anfang dieses Jahrhunderts in Nordkalifornien. Sein ganzer Stamm war systematisch ausgerottet worden, gejagt wie Kojoten oder Wölfe. Ishi war der einzige Überlebende. Er hatte lange ganz allein gelebt. Niemand weiß genau warum, aber eines Tages tauchte er in der Dämmerung in Oroville, Kalifornien, auf. Da stand er nun, der nackte Mann. Die Leute zogen ihm schnell ein paar Kleider über und brachten ihn ins Gefängnis, bis das Büro für indianische Angelegenheiten ihnen mitteilte, was sie mit ihm tun sollten. Die Nachricht erschien auf den Titelseiten der Zeitungen in San Francisco, und so erfuhr ein Anthropologe namens Alfred Kroeber davon.

Ein Anthropologentraum war wahr geworden. Dieser Eingeborene hatte sein Lebtag in der Wildnis zugebracht, und man würde von ihm erfahren können, wie sein Stamm gelebt hatte. Ishi wurde mit der Eisenbahn nach San Francisco gebracht, in eine ihm völlig fremde Welt, wo er den Rest seines Lebens – anscheinend recht glücklich – verbrachte. Ishi schien vollkommen erwacht zu sein. Er war voll und ganz zu Hause in sich selbst und in der Welt, auch als sie sich fast von einem Moment auf den anderen auf dramatische Weise veränderte.

Als man ihn nach San Francisco brachte, war er zum Beispiel ganz beglückt, in Anzug und Schlips gekleidet worden zu sein, aber die Schuhe trug er in der Hand, weil er die Erde immer noch lieber direkt unter seinen Fußsohlen spüren wollte. Er hatte wie ein Steinzeitmensch gelebt und sich aus Angst, umgebracht zu werden, immer versteckt. Kurz nach seiner Ankunft in der Stadt wurde er zu einer offiziellen Dinnerparty mitgenommen. Ohne sich durch dieses ungewohnte Ritual verwirren zu lassen, saß er da und beobachtete alles, und dann aß er genau so wie die anderen. Er war ständig am Staunen, neugierig auf alles und anscheinend weder ängstlich noch vergrämt, sondern völlig offen.

Als Ishi nach San Francisco gebracht werden sollte und auf dem Bahnsteig stand, trat er, als der Zug kam, so schnell hinter einen Pfeiler, daß kaum jemand es mitbekam. Als die anderen es bemerkten, winkten sie ihn herbei und stiegen mit ihm in den Zug. Später erzählte Ishi Kroeber, daß er und die anderen Mitglieder seines Stammes beim Anblick eines Zuges ihr Leben lang gedacht hatten, dies sei ein menschenfressender Dämon, weil er sich so unheimlich durch die Gegend schlängelte und Rauch und Feuer spuckte. Als Kroeber das hörte, fragte er Ishi ehrfürchtig: »Woher hast du den Mut genommen, einfach in den Zug einzusteigen, der dir doch wie ein Dämon vorkam?« Darauf antwortete Ishi ganz schlicht: »Mein Leben hat mich gelehrt, mehr neugierig als ängstlich zu sein.« Sein Leben hatte ihn gelehrt, was es heißt, ein Kind der Illusion zu sein.

5

Gift als Medizin

Mit der Losung »Drei Objekte, drei Gifte und drei Samen der Tugend« kommen wir nun zu den Lehren über relatives Bodhicitta, die von der Erweckung des Mitgefühls handeln. Bis jetzt haben wir uns klarzumachen versucht, daß das eigene Erleben eine weit umfassende Grundlage hat und nicht so klar abgrenzbar ist, wie wir es vielleicht gern hätten. Wir brauchen keinen Riesenzirkus um uns selbst, unsere Gegner, unsere Partner und den ganzen anderen Kram zu machen. Wie wichtig Feingefühl dabei ist, kann gar nicht genug betont werden. Es ist entscheidend, wenn es darum geht, wieder Offenheit und Frische in das eigene Leben zu bringen und sich aus der Sardinenbüchse des Egos zu befreien. Wir werden uns auch weiterhin mit dieser Frische und Offenheit beschäftigen und auch damit, nicht alles so furchtbar ernst zu nehmen, denn jetzt begeben wir uns in den richtig schlimmen Sumpf.

In den buddhistischen Lehren nennt man diesen Sumpf *Klesha*, was Gift bedeutet. Auf eine möglichst einfache Formel gebracht, kann man sagen, daß es drei Hauptgifte gibt: Leidenschaft, Aggression und Unwissenheit. Man könnte sie auch anders nennen, zum Beispiel Begierde und Abscheu, und würde den Kern des Problems genauso treffen. Begierde heißt wollen, wollen und nochmals wollen und das Gefühl haben, irgendeine Lösung finden zu müssen, und umfaßt alle möglichen Arten von Süchten. Abscheu beinhaltet Gewalt, Wut, Haß und Negativität aller Art sowie ein großes Sammelsurium von Gereiztheiten. Und Unwissenheit? Heutzutage nennt man das normalerweise Ignoranz.

Die wichtigste Anweisung aller buddhistischen Lehren und ganz besonders der Lojong-Lehren lautet, daß wir niemals versuchen sollen, diese unerwünschten Gefühle loszuwerden. Das ist eine ungewohnte Vorstellung. Normalerweise sind wir nicht daran gewöhnt, solche Gefühle einfach herumlungern zu lassen. Wir haben eindeutig die Gewohnheit, solche Dinge loswerden zu wollen.

Menschen und Situationen lösen immer Leidenschaft, Aggression und Ignoranz aus. Eine nette kleine unschuldige Tasse Kaffee löst in manchen Menschen Begierde aus. Sie sind süchtig danach. Kaffee bedeutet für sie Wohlbehagen und steht für die schönen Seiten des Lebens. Wenn sie ihre Tasse Kaffee nicht kriegen, ist ihr ganzer Tag im Eimer. Andere entwickeln ausgefeilte Begründungen, warum Kaffee schädlich ist, platzen fast vor Abscheu und gründen Anti-Kaffee-Initiativen. Die meisten anderen Leute machen sich ziemlich wenig Gedanken über Kaffee, er ist ihnen schnurzegal.

Und dann gibt es da den tollen Mortimer, der neben uns im Meditationsraum sitzt oder im gleichen Büro arbeitet. Manche Frauen werden ganz lüstern, wenn sie Mortimer sehen. Sie finden ihn einfach umwerfend. Der größte Teil ihrer Gedankenabschweifungen dreht sich um das, was sie gern mit Mortimer anstellen würden. Ein paar andere Leute hassen ihn. Sie haben zwar noch nicht mit ihm geredet, aber sie fanden ihn vom ersten Moment an widerlich. Einige von uns haben ihn überhaupt noch nicht bemerkt und werden ihn auch nie bemerken. In ein paar Jahren erzählt er vielleicht einem von uns, daß er hier war, und sein Gegenüber wird ganz verblüfft sein.

Es geht also um drei Dinge, die in der Losung als Objekte bezeichnet werden. Das erste Objekt ist das, was wir angenehm finden, das zweite ist das, was wir unangenehm finden, und das dritte ist das, was uns gleichgültig ist. Wenn es angenehm ist, ruft es Begierde hervor, wenn es unangenehm ist, löst es Abscheu aus, und wenn es uns gleichgültig ist, ruft es Ignoranz hervor. Begierde, Abscheu und Ignoranz sind die drei Gifte.

Aufgrund eigener Erfahrungen würden wir diese Losung so formulieren: »Drei Objekte, drei Gifte und jede Menge Trübsal« oder »Drei Objekte, drei Gifte und drei Samen der Verwirrung, Bestürzung und des Schmerzes«, denn je stärker die Gifte werden und je mehr Einfluß sie im Leben gewinnen, desto mehr machen sie uns fertig. Sie hindern uns daran, die Welt so zu sehen, wie sie ist, sie machen uns blind, taub und stumm.

Die Welt kann sich nicht selbst erklären, wenn wir so sehr in unseren privaten Denkmustern gefangen sind, daß wir nicht mitkriegen, wieviel Raum da ist, um das Leben als Kind der Illusion zu leben. Statt dessen berauben wir uns selbst, berauben uns der Möglichkeit, die Welt sich selbst erklären zu lassen. Wenn wir dauernd mit uns selbst sprechen, spricht uns nichts an.

Die drei Gifte lassen uns dauernd in irgendeine Falle tappen, kerkern uns ein und verengen die Welt. Wenn wir gierig sind, können wir am Rand des Grand Canyon sitzen und doch an nichts anderes denken als an das Stück Schokoladenkuchen, auf das wir gerade Lust haben. Wenn wir gerade von Abscheu beherrscht werden, können wir am Rand des Grand Canyon sitzen und doch nichts anderes hören als die haßerfüllten Worte, die wir vor zehn Jahren zu jemandem gesagt haben. Voll Ignoranz sitzen wir am Rand des Grand Canyon mit einer Plastiktüte über dem Kopf. Jedes der drei Gifte hat die Macht, uns so vollständig zu beherrschen, daß wir noch nicht mal mehr sehen, was sich direkt vor unserer Nase abspielt.

»Drei Objekte, drei Gifte und drei Samen der Tugend« ist wirklich eine merkwürdige Losung. Sie stellt die herkömmliche Formulierung auf überraschende und ungewohnte Weise auf den Kopf und gibt einen Hinweis darauf, wie die drei Gifte Samen sein können, um ein Kind der Illusion zu werden, wie wir die enge Welt der Ich-Fixierung überwinden und den Tunnelblick aufgeben können. Die Losung ist nur eine Einleitung für das, was die dahinterstehende Idee bewirkt. Die Tonglen-Praxis ist eine sehr ausführliche Methode, um mit dieser Art von Lojong-Logik oder Logik des großen Herzens zu arbeiten.

Leidenschaft, Aggression oder Ignoranz sind nichts wirklich Schlechtes, außer wenn wir sie viel zu persönlich nehmen und damit ihre Kraft vergeuden. Weil der Pfau Gift frißt, leuchten die Farben seiner Schwanzfedern so phantastisch. Dies ist die traditionelle bildhafte Umschreibung der Praxis, durch die Gift zu einer Quelle großer Schönheit und Freude wird. Gift wird zu Medizin.

Versuche auf keinen Fall, die Gifte loszuwerden, denn wenn du sie loszuwerden versuchst, wirst du vielleicht deine Neurose los, verlierst aber auch deinen Reichtum. Der größte Mist ist dein Reichtum, aber dir das nur zu sagen, wird dich nicht überzeugen. Wenn es auch sonst nichts bewirkt, wird es dich vielleicht wenigstens dazu bringen, über diese Lehren nachzudenken und neugierig zu sein, ob das wirklich stimmt. Das könnte dich dazu bringen, es selbst auszuprobieren.

Wenn also beispielsweise Mortimer vorbeikommt und deine Begierde oder Abneigung oder Ignoranz wachruft oder deine Eifersucht, deine Überheblichkeit, deine Minderwertigkeitskomplexe – wenn Mortimer also vorbeikommt und ein Gefühl auftaucht, dann könnte es sein, daß in deinem Kopf ein Glöckchen zu bimmeln anfängt oder eine Glühbirne aufleuchtet: »Das ist jetzt eine Gelegenheit, mein Herz aufzuwecken.« Das ist eine Gelegenheit, Bodhicitta reifen zu lassen, das Gefühl für den empfindlichen Punkt wiederzuentdecken, weil in so einem Moment normalerweise sämtliche Schutzschilde hochgefahren werden. Wir reagieren normalerweise auf die Gifte, indem wir unser Herz einpanzern, und zwar mit zwei Taktiken. Stufe eins: Mortimer kommt vorbei. Stufe zwei: *Klesha* taucht auf. (Man kann die beiden ersten Stufen kaum voneinander unterscheiden.) Stufe drei: Entweder *agieren* wir die Gefühle aus oder wir *unterdrücken* sie, was bedeutet, daß wir Mortimer entweder körperlich oder geistig angreifen oder uns innerlich sagen, daß er eine Knalltüte ist, und überlegen, wie wir es ihm am besten heimzahlen, oder aber wir unterdrücken diese Gefühle.

Ausagieren und Unterdrücken sind die häufigsten Taktiken, mit denen wir unser Herz abschirmen, die gängigsten Verhaltensweisen, um zu verhindern, daß wir in Kontakt mit unserer Verletzlichkeit, unserem Mitgefühl und unserem Sinn für die offene und frische Dimension des Seins kommen. Durch Ausagieren oder Unterdrücken ermuntern wir das Leiden, die Bestürzung und die Verwirrung, noch größer zu werden. Um bei unserem Beispiel zu bleiben: Wenn Mortimer vorbeigeht und Begierde auftaucht, versuchen wir an ihn heranzukommen, indem wir flirten oder Annäherungsversuche machen. Wenn Abneigung auftaucht, versuchen wir, Rache zu nehmen. Wir bleiben nicht bei den ursprünglichen Gefühlen. Wir halten unsere Sitzposition nicht, sondern gehen einen Schritt weiter und agieren das Gefühl aus.

Unterdrücken läßt sich in die Kategorie Ignoranz einordnen. Wenn wir Mortimer sehen, machen wir uns einfach zu. Vielleicht wollen wir das, woran er uns erinnert, nicht an uns herankommen lassen, also machen wir zu. Es gibt aber noch eine andere weitverbreitete Art der Unterdrückung, die etwas mit Schuldgefühlen zu tun hat: Mortimer geht vorbei; Abneigung taucht auf; wir agieren sie aus und haben deswegen Schuldgefühle. Wir halten uns für schlecht, weil wir Mortimer hassen, also unterdrücken wir den Haß.

In der grundlegenden Shamatha-Vipashyana-Praxis – und besonders in der Tonglen-Praxis – versuchen wir, einen Zwischenraum zwischen Ausagieren und Unterdrücken zu finden. Wir versuchen herauszufinden, wie wir unsere Sitzposition halten können, und versuchen, vollständig zu empfinden, was der Kern dieses endlosen Dramas von Wollen und Nichtwollen ist.

In der Formulierung »Drei Objekte, drei Gifte und drei Samen der Tugend« ist das die Anweisung, aus dem Drehbuch auszusteigen, sobald eines der drei Gifte auftaucht, und das heißt, die Situation als Gelegenheit zu nutzen, das eigene Herz zu spüren, die Wunde zu spüren, anstatt Gefühle auszuagieren oder zu unterdrücken. Wir nutzen die Gelegenheit, um in Kontakt mit unserem empfindlichen Punkt zu kommen. Unter der Begierde, der Abneigung, der Eifersucht oder dem Gefühl, über sich selbst unglücklich zu sein, unter all der Hoffnungslosigkeit, der Verzweiflung oder der Niedergeschlagenheit existiert etwas außergewöhnlich Empfindsames, das Bodhicitta heißt.

In einer solchen Situation sollten wir schrittweise und sehr sanft üben, ohne einen Riesenwirbel darum zu machen. Versuche eine Ahnung davon zu bekommen, was unter dem Drehbuch ist. Fühle das verwundete Herz, das sich hinter der Sucht, dem Selbstekel oder dem Zorn verbirgt. Wenn dir jemand einen Pfeil ins Herz geschossen hat, macht es keinen Sinn, herumzustehen und den Schützen anzuschreien. Es wäre besser, die ganze Aufmerksamkeit darauf zu richten, daß ein Pfeil in deinem Herzen steckt, und dich mit der Wunde zu beschäftigen.

Wenn wir das tun, werden die drei Gifte zu Samen unserer Fähigkeit, mit uns selbst Freundschaft zu schließen. Sie bergen die Chance, sich Geduld und Freundlichkeit anzueignen, die Chance, sich nicht selbst aufzugeben und nichts auszuagieren oder zu unterdrücken. Sie geben uns die Chance, unser Verhalten von Grund auf zu ändern. Das hilft sowohl uns selbst als auch andern. Es ist eine Anweisung, wie wir unerwünschte Umstände in den Pfad des Erwachens verwandeln können. Wenn wir sie befolgen, können wir alles, was wir normalerweise verdrängen, zum Pfad des Erwachens machen, indem wir wieder in Kontakt kommen mit unserem empfindsamen Herzen, seiner Klarheit und seiner Fähigkeit, sich zu öffnen.

6

Beginne, wo du bist

Es gibt zwei Losungen für die Tonglen-Praxis. Die erste lautet: »Geben und Nehmen soll man abwechselnd üben. Der Wechsel sollte im Atemrhythmus geschehen.« Sie beschreibt Tonglen und seine Wirkung. Die zweite Losung lautet: »Beginne mit Geben und Nehmen bei dir selbst.«

Die Losung »Beginne mit Geben und Nehmen bei dir selbst« macht deutlich, daß Mitgefühl damit anfängt, Freundschaft mit sich selbst zu schließen und besonders mit den eigenen Giften – den inneren Sümpfen. Wenn wir Tonglen – Geben und Nehmen – praktizieren und über die Lojonglosungen nachdenken, dämmert es uns langsam, wie sehr alles mit allem verknüpft ist. Inzwischen hat man herausgefunden, daß sich das, was wir mit den Flüssen in Südamerika machen, auf die ganze Erde auswirkt, und daß das, was wir mit der Luft in Alaska machen, sich ebenfalls auf die ganze Erde auswirkt. Alles ist mit allem verbunden, auch wir selbst sind mit allem verbunden, und deshalb ist es so wichtig, daß wir mit uns selbst Freundschaft schließen. Das ist der erste Schritt zu einem gesünderen, mitfühlenden Planeten.

Was wir für uns selbst tun – jede freundliche Geste, jede einfühlsame Geste, jede ehrliche Geste und jeder klarsichtige Blick auf uns selbst –, beeinflußt die Art und Weise, in der wir die Welt wahrnehmen, und verwandelt sie. Was wir für uns selbst tun, das tun wir für andere, und was wir für andere tun, das tun wir für uns selbst. Wenn wir bei der Tonglen-Praxis uns selbst und die anderen vertauschen, wird es immer unbestimmter, was da draußen und was hier drin ist.

Wer zornig ist, den Zorn hemmungslos ausagiert und anderen die ganze Schuld zuschiebt, hat in Wirklichkeit selbst darunter zu leiden. Die anderen Menschen und die Umwelt leiden auch darunter, aber der Zornige selbst leidet am meisten, weil er innerlich von seinem Zorn aufgefressen wird, der ihn dazu bringt, sich selbst immer mehr zu hassen.

Eigenartigerweise glauben wir, durch Ausagieren von Gefühlen könnten wir uns Erleichterung verschaffen. Oft fühlen wir uns danach auch tatsächlich erleichtert, jedenfalls einen Moment lang. Wenn man süchtig ist und die Sucht befriedigt, fühlt man sich danach einen Moment lang erleichtert. Doch dann wird der Alptraum nur um so schlimmer. Genauso ist es mit der Aggression. Wenn wir jemanden so richtig runtergeputzt haben, fühlen wir uns vielleicht eine Zeitlang ziemlich gut, aber irgendwie wird das Gefühl des gerechten Zorns und des Hasses zunehmen und uns selbst verletzen. Das ist so, als würden wir mit bloßen Händen glühende Kohlen auf den Feind schleudern. Wenn wir treffen, fügen wir ihm Verbrennungen zu. Aber wir können sicher sein, daß wir uns selbst dabei auf jeden Fall verbrennen.

Wenn wir dagegen anfangen, uns einfach uns selbst hinzugeben – aus dem Drehbuch auszusteigen und zu empfinden, wie sich das unangenehme Zeug anfühlt, das unter dem Drehbuch liegt –, beginnen wir, Bodhicitta wahrzunehmen, die Zärtlichkeit, die unter der Grobheit liegt. Wenn wir freundlich zu uns selbst sind, lernen wir auch, freundlich zu andern zu sein. Wenn wir freundlich zu andern sind – wir müssen es aber mit dem richtigen Verständnis machen –, profitieren wir auch selbst davon. Darum ist der Ausgangspunkt, daß alles mit allem verbunden ist. Wir stehen zu allem in ständiger Beziehung. Was wir den andern zufügen, fügen wir uns selbst zu, und was wir uns selbst zufügen, fügen wir den andern zu.

Beginne, wo du bist. Das ist sehr wichtig. Tonglen-Praxis ist (wie jede Meditationspraxis) nicht für später gedacht, wenn man alles gemeistert hat und ein großartiger und bewundernswerter Mensch geworden ist. Wenn du der brutalste Mensch auf der ganzen Welt bist, ist genau das ein hervorragender Ausgangspunkt – voll Saft und Kraft. Du magst die depressivste Jammergestalt, der schlimmste Suchtbolzen oder der größte Eifersuchtshansel auf weiter Flur sein. Du kannst ruhig felsenfest davon überzeugt sein, daß es auf der ganzen Welt niemanden gibt, der sich selbst so sehr haßt wie du dich. Das alles ist ein guter Ausgangspunkt. Genau da, wo du bist, ist dein Ausgangspunkt.

Wenn wir mit der Shamatha-Vipashyana-Praxis beginnen, in Kontakt mit unserem Atem kommen und unsere Gedanken bezeichnen, merken wir nach und nach, wie tiefgreifend das Loslassen der Gedanken sich auswirkt, die Gedanken nicht abzuwehren, nicht zu versuchen, sie zu unterdrücken, sondern sie einfach als brutale Gedanken hinzunehmen, als haßerfüllte Gedanken, als Wünsche enthaltende Gedanken, als armselige Gedanken, als ekelerfüllte Gedanken oder was auch immer für Gedanken. Wir können das alles als Denken ansehen, die Gedanken loslassen und ein Gefühl dafür entwickeln, was danach übrigbleibt. Wir fangen einfach an, die Energie des Herzens, des Körpers, des Nackens, des Kopfes und des Bauchs zu spüren – elementare Empfindungen, die unter all den Drehbüchern, Dramen und Handlungsabläufen liegen. Damit in Verbindung zu sein, heißt, alles andere als Reichtum zu besitzen. Wer weder ausagiert noch unterdrückt, dessen Reichtum liegt in seiner Leidenschaft, seiner Aggression und seiner Ignoranz. Das Gift ist schon Medizin. Man braucht nichts umzuwandeln. Man muß nur aus dem Spiel aussteigen, aber das ist nicht so einfach. Alles, was man denkt, erst sacht zu berühren und dann loszulassen, ist der Schlüssel zu allem Reichtum. Beginne mit deinem ganzen Zeug, egal wie widerlich es ist, beginne, wo du bist – nicht morgen, nicht später, nicht gestern, als du noch besser drauf warst, beginne jetzt. Beginne jetzt, so wie du bist.

Milarepa ist ein Linienhalter der Kagyülinie des Tibetischen Buddhismus. Er war ein Held, einer der Tapferen, ein sehr verrückter und ungewöhnlicher Typ, der als Einzelgänger ganz allein in Höhlen lebte und jahrelang intensiv meditierte. Er war extrem hartnäckig und zielstrebig. Weil er jahrelang nichts zu essen hatte, ernährte er sich nur von Brennesseln, bis sein Körper ganz grün war, aber er hörte niemals auf zu praktizieren.

Eines Abends kam Milarepa vom Brennholzsammeln in seine Höhle zurück und entdeckte, daß sie voller Dämonen war. Sie kochten sein Essen, lasen seine Bücher und schliefen in seinem Bett. Sie hatten den Laden übernommen. Und obwohl er das Gefühl hatte, daß sie nur Projektionen seines eigenen Geistes waren, die ganzen unerwünschten Anteile seines Selbst, wußte er nicht, wie er sie loswerden konnte.

Also lehrte er sie zunächst das Dharma. Er saß auf einem Sitz, der etwas höher war als der ihre, und erzählte ihnen, daß alle eins sind. Er redete über Mitgefühl und Shunyata und darüber, daß Gift Medizin ist. Aber nichts passierte. Die Dämonen waren immer noch da. Dann verlor er die Geduld, wurde wütend und stürzte sich auf sie. Sie lachten ihn aus. Schließlich gab er auf, setzte sich einfach auf den Boden und sagte: »Ich werde nicht weggehen, und es sieht so aus, als würdet ihr auch nicht weggehen. Dann werden wir eben zusammen hier leben.« Daraufhin verschwanden alle Dämonen, bis auf einen. Milarepa sagte: »Dieser ist wohl besonders bösartig.« (Den kennt jeder. Manchmal haben wir jede Menge von der Sorte. Und manchmal wird uns klar, daß wir nur das haben und sonst nichts.) Er wußte nicht, was er tun sollte. Also gab er noch mehr auf. Er ging zu dem Dämon, legte sich in sein Maul und sagte: »Friß mich ruhig auf, wenn du willst.« Da verschwand auch dieser Dämon. Die Quintessenz der Geschichte ist, daß, wenn man den Widerstand aufgibt, auch die Dämonen verschwinden.

Das ist die Logik, die sowohl der Tonglen-Praxis als auch Lojong zugrunde liegt. Wenn wir unseren Widerstand aufgeben, verschwinden auch die Dämonen. Das ist wie ein Koan, mit dem wir arbeiten können, um zu lernen, feinfühliger zu werden, und wie man sich entspannt, und wie man sich den Situationen und Menschen seines Lebens hingibt.

Nachdem ich das alles gesagt habe, werde ich jetzt über Tonglen reden. Mir ist aufgefallen, daß die Leute die Lehren im allgemeinen anstandslos schlucken, aber wenn es dann darum geht, Tonglen zu praktizieren, sagen sie: »Oh, das hat sich alles sehr gut angehört, aber ich hätte nicht gedacht, daß du es wirklich genauso gemeint hast.« Im Grunde bedeutet Tonglen-Praxis nicht mehr und nicht weniger, als einzuatmen, was schmerzhaft und unerwünscht ist. Das ist nur eine andere Art auszudrücken, daß man keine Widerstände dagegen aufbaut. Wir liefern uns an uns selbst aus, erkennen uns selbst an und ehren uns selbst. Wir atmen unangenehme Empfindungen und Emotionen einfach ein und nehmen Kontakt mit dem auf, was alle Menschen fühlen. Jeder kennt sich mit dem Schmerz in seinen vielen Erscheinungsformen aus.

Das Einatmen ist für uns selbst eine persönliche und echte Erfahrung, und es bedeutet gleichzeitig, daß wir unsere Verwandtschaft mit allen Lebewesen weiterentwickeln. Was du in dir selbst erfährst, kannst du in allen anderen erfahren. Wenn du vor Eifersucht kochst und es dir gelingt, das Gefühl einzuatmen, statt es auf jemand anderen abzuwälzen, wenn du Kontakt mit dem Pfeil bekommst, der in deinem Herzen steckt, dann bekommst du einen ziemlich guten Zugang zu der Tatsache, daß genau in dem Moment Menschen auf der ganzen Welt diese Empfindung teilen. Die Praxis setzt Kultur, Lebensstandard, Bildung, Rassen- und Religionszugehörigkeit einfach außer Kraft. Alle Menschen fühlen Schmerz – Eifersucht, Wut, Verlustangst, Einsamkeit. Jeder empfindet das genauso, wie du es empfindest. Die Lebensgeschichten sind verschieden, doch das grundlegende Gefühl ist bei uns allen dasselbe.

Tonglen-Praxis bedeutet auch, angenehme Gefühle – die entstehen, wenn wir von etwas begeistert sind oder uns öffnen, uns erleichtert fühlen oder uns entspannen – auszuatmen, sie zu verschenken, sie mit anderen zu teilen. Das ist wieder etwas ganz Persönliches. Es fängt bei *deinem* schönen Gefühl an, *deinem* Gefühl eines erweiterten Horizonts, *deinem* Gefühl von Erleichterung und Entspannung. Wenn wir bereit sind, aus unserem privaten Drama auszusteigen, fühlen wir genau, was alle menschlichen Wesen fühlen. Das, was uns allen gemeinsam ist. Wenn wir die Praxis wirklich ganz persönlich und echt machen, offenbart sie uns unsere Verwandtschaft mit allen Lebewesen.

Sehr wichtig ist auch absolutes Bodhicitta. Um Tonglen praktizieren zu können, muß als Grundlage absolutes Bodhicitta geschaffen werden, denn es muß genug Raum da sein, wenn wir einatmen und mit der Echtheit und Wirklichkeit des Schmerzes in Kontakt kommen. Es geht um das weite, empfindsame, leere Bodhicitta-Herz, das erwachte Herz. Mitten im Schmerz ist viel Raum und viel Offenheit. Wir beginnen, uns dem entscheidenden Punkt zu nähern, wenn wir direkten Kontakt zu den unangenehmen Dingen herstellen. Indem wir das tun, machen wir die Tricks zunichte, mit denen sich unser Ego zusammenhält.

Wir schützen unser Herz mit einem Kettenhemd, das aus tiefverwurzelten Gewohnheiten gestrickt ist, mit dem wir Schmerz abweisen und das Glück festhalten. Den Schmerz einzuatmen, statt ihn abzustoßen, heißt, sein Herz dem Unerwünschten zu öffnen. Wenn wir uns so unmittelbar den unerwünschten Bereichen unseres Lebens zuwenden, kommt endlich Luft in unser Ego. Und wenn wir unser verkrampftes Herz öffnen und angenehme Dinge rauslassen – sie nach allen Seiten hin ausstrahlen und mit anderen teilen –, wird die Logik des Egos völlig umgedreht, und das heißt: Die Logik des Leidens wird umgedreht. Lojong-Logik ist eine Logik, die Scheußliches und Nicht-Scheußliches transzendiert, die Schmerz und Freude transzendiert. Lojong-Logik beginnt den Raum zu öffnen und Luft in unseren Kokon zu lassen. Ob wir ein- oder ausatmen, wir öffnen unser Herz, und das heißt: Wir erwecken Bodhicitta.

Und jetzt die Technik: Die Tonglen-Praxis hat vier Stufen. Die *erste* Stufe ist aufblitzende Offenheit oder aufblitzendes Bodhicitta. Die Losung »Ruhe in der Natur von Alaya, der Essenz« gehört zu diesem Aufblitzen der Offenheit, das sehr schnell vorbei ist. Es gibt Momente, in denen Raum und Stille auf natürliche Weise aufblitzen. Das ist etwas sehr Einfaches.

Die *zweite* Stufe besteht in der Arbeit mit der Zusammensetzung. Stell dir vor, du atmest Dunkel, Schwer und Heiß ein und Weiß, Leicht und Kühl aus. Wichtig ist, daß wir immer das gleiche einatmen: Im wesentlichen atmen wir die Ursache des Leidens ein, den Ursprung des Leidens, der im Verhaftetsein besteht, der Neigung, das Ego wie besessen festzuhalten.

Vielleicht haben wir schon gemerkt, daß wir, wenn wir wütend oder finanziell völlig abgebrannt oder eifersüchtig sind, dieses Verhaftetsein als schwarz, heiß, fest und schwer empfinden. Das ist die Zusammensetzung des Gifts, der Neurose und des Verhaftetseins. Vielleicht kennen wir auch dieses Gefühl: Wir sind total in uns selbst gefangen, und dann kippt plötzlich etwas ins Gegenteil um oder ein Riß entsteht. Es ist plötzlich sehr viel Raum da. Diese geistige Erfahrung ist nicht von Einzelerscheinungen abhängig; es ist die Erfahrung der Offenheit. Die Zusammensetzung dieser Offenheit wird allgemein als leicht, weiß, frisch, klar und kühl wahrgenommen.

Auf der zweite Stufe von Tonglen arbeiten wir mit diesen Zusammensetzungen. Wir atmen Schwarz, Schwer und Heiß durch alle Poren unseres Körpers ein und strahlen Weiß, Leicht und Kühl nach allen Seiten durch alle Poren des Körpers aus. Wir arbeiten mit der Zusammensetzung und spüren, wie sich ein aufeinander abgestimmter Rhythmus einstellt: Schwarz strömt ein, und von der Mitte des Atemrhythmus an strömt Weiß nach außen – ein und aus, ein und aus.

Auf der *dritten* Stufe arbeiten wir mit einem besonders tiefempfundenen Leidensobjekt. Wir atmen den Schmerz eines bestimmten Menschen oder Tieres ein, dem wir helfen möchten. Wir atmen Weite, Freundlichkeit, eine gute Mahlzeit oder eine Tasse Kaffee für diesen Menschen aus – eben das, womit wir es ihm ein wenig leichter machen können. Das können wir für jeden tun: die obdachlose Mutter auf der Straße, unseren selbstmordgefährdeten Onkel oder für uns selbst und den Schmerz, den wir jetzt gerade erleiden. Das wichtigste dabei ist, daß das Leiden echt ist, nicht nur theoretisch. Es muß tiefempfunden, greifbar, ernsthaft und echt sein.

Die *vierte* Stufe erweitert den Wunsch, Leiden zu lindern. Wir fangen bei der obdachlosen Mutter an und dehnen es dann auf alle aus, die genauso leiden wie sie, oder auf alle, die genauso selbstmordgefährdet sind wie der Onkel, oder auf alle, die dieselbe Eifersucht oder Abhängigkeit oder Verachtung spüren wie wir selbst. Wir nehmen konkrete Beispiele für Unglück und Schmerz als Hilfsmittel, um das allumfassende Leiden aller Menschen und Tiere an jedem Ort zu verstehen. Gleichzeitig atmen wir den Schmerz des Onkels und den Schmerz der unzähligen anderen Menschen ein, die so verzweifelt und einsam sind wie er. Gleichzeitig strahlen wir Weite oder Heiterkeit oder einen Blumenstrauß aus oder was immer auch für den Onkel oder all die andern heilsam sein könnte. Was wir für eine Person empfinden, kann auf alle Menschen ausgedehnt werden.

Wir müssen mit der dritten und vierten Stufe gleichzeitig arbeiten – sowohl mit dem unmittelbaren Leiden eines einzelnen als auch mit dem allumfassenden Leiden aller. Wenn wir uns nur damit befassen würden, unser Mitgefühl auf alle fühlenden Wesen auszudehnen, wäre die Praxis sehr theoretisch. Sie würde uns nicht zu Herzen gehen. Wenn wir uns nur mit dem eigenen Verhaftetsein oder dem Verhaftetsein eines anderen Menschen befassen, fehlt die erweiterte Einsicht. Das wäre zu engsichtig. Die Praxis wird echt und tiefgreifend, wenn wir mit beiden Betrachtungsweisen gleichzeitig arbeiten. So wird eine erweiterte Einsicht möglich, und wir lernen, uns auf jedes beliebige Wesen einzulassen.

Wir können all unsere ungelösten karmischen Aufgaben in die Praxis einbringen. Wir sollten sie sogar herbeiwünschen. Stell dir vor: Jedesmal, wenn du an einen bestimmten Menschen denkst, wirst du *wütend*. Das ist sehr nützlich für Tonglen! Oder du bist depressiv. Alles, was du heute zustande gekriegt hast, ist, daß du überhaupt aus dem Bett gekommen bist. Du bist so depressiv, daß du am liebsten für den Rest deines Lebens im Bett bleiben möchtest. Du hast dir schon überlegt, ob du dich vielleicht lieber *unter* deinem Bett verstecken sollst. Das ist sehr nützlich für die Tonglen-Praxis. Das konkrete Verhaftetsein sollte *echt* sein, wie in diesem Fall.

Oder nehmen wir ein anderes Beispiel. Du praktizierst gerade vorschriftsmäßiges Tonglen oder sitzt einfach herum und trinkst Kaffee. Da taucht Mortimer auf, das Objekt deiner Leidenschaft, Aggression oder deiner Ignoranz. Du möchtest ihm eine runterhauen, ihn umarmen oder wünschst ihn dahin, wo der Pfeffer wächst.

Aber nehmen wir an, du wärst wütend. Das Objekt heißt Mortimer, und da taucht das Gift auf: die *Wut*. Du atmest sie ein. Es geht darum, Sympathie für die eigene Verwirrung zu entwickeln. Die Technik dafür ist, Mortimer nicht zu beschuldigen. Du beschuldigst auch nicht dich selbst. Statt dessen gibt es nur freigesetzte Wut – heiß, schwarz und schwer. Durchlebe sie so vollständig wie möglich.

Du atmest die Wut ein; du entfernst das Objekt; du hörst auf, an Mortimer zu denken. In Wirklichkeit war er nur ein wirkungsvoller Katalysator. Jetzt hast du dir die Wut völlig zu eigen gemacht. Du lädst alle Schuld auf dich selbst. Dazu braucht man viel Mut. Es setzt dem Ego schwer zu. In Wirklichkeit zerstört es den Mechanismus des Ego völlig. Also atmest du ein.

Dann atmest du Sympathie und Entspannung und Weite aus. Statt eine beengte und finstere Situation zu schaffen, läßt du diesen Gefühlen viel Raum. Ausatmen belüftet alles, läßt frische Luft herein. Ausatmen heißt, die Arme auszubreiten und einfach loszulassen. Frischluft. Dann atmest du die Wut wieder ein – die schwarze schwere heiße Wut. Dann atmest du aus und läßt alles zirkulieren, gibst allem viel Raum.

Was du da gerade machst, ist folgendes: Du benutzt dich selbst, um durch dich hindurch Freundlichkeit zu kultivieren. Auf diese Art geht es sehr einfach. Du denkst nicht darüber nach; du philosophierst nicht herum. Statt dessen atmest du einfach ein sehr reales Klesha ein. Es gehört dir ganz und gar, und dann verströmst du es in die Luft, gibst ihm beim Ausatmen viel Raum. Das ist schon, allein für sich genommen, eine ziemlich spannende Praxis – auch wenn man gar nicht weitergehen würde –, denn auf dieser Stufe arbeitet man immer noch an sich selbst. Die wahre Schönheit dieser Praxis besteht jedoch darin, sie zu erweitern.

Ohne Übertreibung kann man davon ausgehen, daß ungefähr zwei Milliarden anderer fühlender Wesen genau dieselbe Wut spüren wie man selbst. Sie erleben sie ganz genauso wie man selbst. Sie erleben sie vielleicht in bezug auf ein anderes Objekt, aber es geht gar nicht um das Objekt. Es geht um die Wut an sich. Du atmest die Wut all dieser anderen fühlenden Wesen ein. Daher brauchen sie nicht mehr darunter zu leiden. Dadurch wird deine eigene Wut aber kein bißchen größer. Es ist einfach nur Wut. Es ist das Verhaftetsein mit der Wut, das so viel Leid verursacht.

Manchmal bekommen wir genau in diesem Moment eine Ahnung davon, warum Mord und Raub geschehen, warum es Krieg gibt, warum Menschen Häuser niederbrennen und warum es so viel Elend auf der Welt gibt. So etwas geschieht, wenn man Wut empfindet und sie ausagiert, statt sie aufzunehmen und verströmen zu lassen. Alles verwandelt sich in Haß und Elend, das die Welt besudelt und den Teufelskreis von Leiden und Unzufriedenheit offensichtlich immer weiter fortsetzt. Weil *du* Wut empfindest, hast du den Anknüpfungspunkt, um die Wut aller fühlenden Wesen zu verstehen. Zuerst arbeitest du mit deinem eigenen Klesha, aber schnell erweiterst du es und atmest das Ganze ein.

Von dem Moment an ist es nicht mehr *deine* besondere Last. Es ist die Wut aller fühlenden Wesen, einschließlich deiner eigenen. Du atmest sie ein, und ausatmend erzeugst du eine Art Ventilation, so daß alle fühlenden Wesen es spüren können. Das gilt für alles, was dich belastet. Je mehr es dich belastet, desto wacher bist du, wenn du Tonglen praktizierst.

Alles, was uns an den Rand des Wahnsinns treibt, hat ungeheure Energien in sich. Deswegen haben wir so eine Angst davor. Es geht um Angst: Wir haben Angst, daß wir es nicht fertigbringen, auf jemanden zuzugehen und »Hallo« zu sagen. Wir schaffen es nicht, jemandem in die Augen zu sehen. Es kostet viel Kraft, das durchzuhalten. Aber auf die Art schützen wir uns. Die Tonglen-Praxis bietet die Chance, sich das alles vollständig klarzumachen, niemandem die Schuld zu geben, und es mit dem Ausatmen verströmen zu lassen. Dann verstehen wir auch besser, weshalb einige Leute, die hier sitzen, so grimmig dreinblicken: Nicht weil sie dich hassen, sondern weil sie genau dieselbe Angst empfinden und niemandem ins Gesicht sehen wollen. Auf diese Weise ist Tonglen eine Praxis, um Freundschaft mit sich selbst zu schließen, und gleichzeitig eine Praxis des Mitgefühls.

Wenn wir so praktizieren, entwickeln wir mehr Sympathie für andere und verstehen sie viel besser. So gesehen, ist der eigene Schmerz ein Sprungbrett. Das eigene Herz entwickelt sich immer weiter, und wir verstehen die ganze Situation, selbst wenn jemand kommt und uns beleidigt, weil wir ganz genau wissen, was mit jedem Menschen los ist. Wir merken auch, daß wir anderen schon dadurch helfen, daß wir einfach ihren Schmerz *einatmen* und diese Luft dann wieder *ausatmen*. Tonglen beginnt also, indem wir direkten Kontakt zu konkretem Leiden aufnehmen – dem eigenen oder dem von anderen – und dies dann nutzen, um zu verstehen, daß Leiden allumfassend ist und uns alle verbindet.

Fast immer ist es ein guter Einstieg in die Tonglen-Praxis, an jemanden zu denken, den man sehr liebt. Manchmal ist es besser, wenn wir an unsere Kinder denken als an unseren Mann, unsere Frau, die Mutter oder den Vater, weil die Beziehung zu den Kindern oft unkomplizierter ist. Wir sollten an die Menschen denken, die wir sehr direkt und vorbehaltlos lieben können: alte Menschen, kranke Menschen, kleine Kinder oder Menschen, die uns etwas Gutes getan haben.

Als Trungpa Rinpoche acht Jahre alt war, sah er eines Tages, wie ein wimmernder kleiner Hundewelpe von einer grölenden Menschenmenge zu Tode gesteinigt wurde. Er sagte, daß er von diesem Moment an Tonglen vorbehaltlos praktizieren konnte. Er brauchte nur an diesen kleinen Hund zu denken, und sein Herz begann sich jedesmal sofort zu öffnen. Er hatte nur noch den einen Wunsch: das Leid dieses Tiers einzuatmen und Erlösung auszuatmen. Und genau darum geht es: Wir fangen mit etwas an, das unser Herz in Gang setzt.

Denke also an einen kleinen Hund, der gesteinigt wird und unter Schmerzen stirbt, und atme das ein. Es ist dann nicht mehr nur ein kleiner Hund. Es ist dein Zugang zu der Erkenntnis, daß es nicht nur diesen einen, sondern unzählige leidende Hundewelpen und Menschen überall auf der Welt gibt.

Wir können bei dem Hundewelpen oder unserem Onkel oder bei uns selbst anfangen und das dann nach und nach immer weiter ausdehnen. Wir können bei dem Wunsch anfangen, die Depressionen unserer Schwester zu lindern. Dann erweitern wir dies und atmen die Depressionen von Menschen ein, zu denen wir ein etwas »neutraleres« Verhältnis haben, die uns nicht so nahestehen, die aber auch keine Angst oder Wut in uns auslösen. Wir atmen die Niedergeschlagenheit ein und übermitteln all diesen »neutralen« Personen Erleichterung. Schrittweise dehnt sich die Praxis dann auf Menschen aus, die wir tatsächlich *hassen*, die wir für unsere

Feinde halten oder die uns wirklich verletzt haben. Dieses Erweitern entwickelt sich durch das Praktizieren. Es läßt sich nicht vortäuschen. Daher müssen wir mit etwas beginnen, das uns tatsächlich zu Herzen geht.

Es ist nützlich, die Tonglen-Praxis in vier Stufen zu unterteilen:

1. Aufblitzende Offenheit
2. Arbeit mit der Zusammensetzung: Einatmen von Dunkel, Schwer und Heiß und Ausatmen von Weiß, Leicht und Kühl
3. Arbeit mit dem Lindern eines konkreten, tiefempfundenen Leides
4. Ausweiten des Wunsches, Leiden zu lindern.

Am wichtigsten ist es, daß wir wirklichen Kontakt mit dem Verhaftetsein und der Kraft der Kleshabewegungen in uns selbst aufnehmen. Dadurch bekommen wir echten und unverstellten Zugang zur Situation anderer Menschen. Wenn die eigene Erfahrung überzeugend und echt wird, geht es darum, sie zu erweitern. Eigene Erfahrung ist das Sprungbrett zur Welt.

7

Alles wird zum Pfad

Die heutige Losung lautet: »Wenn die Welt voller Übel ist, dann verwandle alle Widrigkeiten in den Pfad des Bodhi.« Das Wort *Bodhi* bedeutet »Erwachen«. Dies ist die Grundaussage, auf der alle Lojong-Lehren aufbauen: Unerwünschte und ungünstige Lebensumstände können als Ausgangsmaterial zum Wachwerden genutzt werden. Das wertvolle Geschenk der Lojong-Lehren besteht darin, daß alles, was passiert, nicht als Unterbrechung oder Hindernis betrachtet wird, sondern als Möglichkeit, um wach zu werden. Die Losung paßt sehr gut zu unserem geschäftigen Treiben und der schwierigen Zeit, in der wir leben. Sie ist in der Tat genau dafür gemacht: Wenn wir keine Schwierigkeiten hätten, brauchten wir weder Lojong noch Tonglen.

Bodhisattva ist ein anderer Ausdruck für den erwachenden Krieger, der Mut und Mitgefühl kultiviert. Eine der Bedeutungen dieser Losung ist, daß der Pfad des Kriegers oder Bodhisattvas keine Unterbrechungen hat. Der Pfad enthält alle Erfahrungen, heitere und chaotische. Wenn alles gut läuft, fühlen wir uns wohl. Wir genießen die Schönheit des Schnees, der draußen vorm Fenster fällt, oder die Schönheit des Lichts, das sich am Fußboden spiegelt. Das hat alles mit einem Gefühl von Wertschätzung zu tun. Aber wenn plötzlich Feuersirenen heulen und Panik ausbricht, sind wir verwirrt und geraten aus der Fassung. Das sind gute Gelegenheiten für die Praxis. Nichts wird unterbrochen. Wir denken zu gern, daß alles nur dann etwas taugt, wenn es still und leise abläuft, und wenn es wirr und chaotisch wird, glauben wir, wir hätten etwas falsch gemacht, oder noch öfter denken wir, *jemand anderes* hätte mit irgend etwas unsere wunderschöne Meditation kaputt gemacht. Ungefähr so, wie jemand einmal von einer lauten und herrschsüchtigen Frau meinte: »Was hat diese Frau in meiner heiligen Welt zu suchen?«

Eine andere Bedeutung der Losung besagt, daß es zum Erwachen gehört, Ehrlichkeit und Klarsichtigkeit zu kultivieren. Manche verstehen die Lojong-Lehren so, als ob es falsch wäre zu sagen, daß jemand einen verletzt hat, weil man niemandem die Schuld geben und sich den Gefühlen jenseits der eigenen Erklärungsmuster zuwenden soll. Aber es gehört zur Ehrlichkeit, Klarsichtigkeit und Geradlinigkeit, daß man zugeben kann, wenn Schaden verursacht wurde. Die erste edle Wahrheit – die allererste Lehre des Buddha – ist, daß Leiden existiert. Leiden ist ein Bestandteil menschlicher Erfahrung. Menschen fügen einander Schaden zu. Wir fügen anderen Schaden zu, und andere fügen uns Schaden zu. Dies anzuerkennen, ist Klarsichtigkeit.

Das ist ein schwieriges Thema. Was ist der Unterschied zwischen der Erkenntnis, daß Schaden zugefügt worden ist, und dem Zuweisen von Schuld? Vielleicht, daß man, statt den Finger der Schuldzuweisung auszustrecken, Fragen stellt: »Wie kann ich mit anderen kommunizieren? Wie kann ich dazu beitragen, daß der entstandene Schaden sich von selbst wieder auflöst? Wie kann ich anderen helfen, ihre eigene Form von Weisheit, Freundlichkeit und Humor zu entwickeln?« Das ist eine viel größere Herausforderung, als zu beschuldigen, zu hassen und auszuagieren.

Wie können wir helfen? Ein Weg besteht darin, Freundschaft mit den eigenen Gefühlen des Hasses, der Bestürzung und so weiter zu schließen. Dann können wir diese Gefühle bei anderen akzeptieren. Durch diese Praxis begreifen wir allmählich, daß wir alle Rollen übernehmen können. Es sind nicht nur »jene«, es sind »wir« *und* »jene«.

Ich bin immer empört gewesen, wenn ich von Eltern hörte, die ihre Kinder mißhandeln, vor allem körperlich. Ich war darüber immer rechtschaffen entrüstet – bis ich Mutter wurde. Ich erinnere mich sehr genau an den Tag, als mein sechs Monate alter Sohn schrie und weinte und von oben bis unten mit Haferbrei verschmiert war, und meine zweieinhalbjährige Tochter an mir herumzerrte und Sachen vom Tisch warf. Da dachte ich: »Jetzt verstehe ich, warum Mütter ihre Kinder schlagen. Jetzt verstehe ich es ganz genau. Und nur, weil ich in einer Kultur aufgewachsen bin, die so etwas nicht gutheißt, tue ich es nicht. Aber im Augenblick schreit alles in mir danach, diese beiden süßen kleinen Kinder auszurotten.«

Bevor wir also Tonglen herablassend für den ach so verwirrten anderen betreiben, sollten wir uns daran erinnern, daß es bei dieser Praxis darum geht, Mitgefühl zu entwickeln, weil wir es selbst schon so erlebt haben. Du selbst warst wütend, eifersüchtig und einsam. Du weißt, wie das ist und daß auch du manchmal seltsame Dinge machst. Weil du einsam bist, sagst du grausame Sachen, weil du willst, daß jemand dich liebt, beschimpfst du die Leute. Dich in andere hineinzuversetzen, fängt da an, wo du begreifst, wie sich jemand fühlt, weil du dich selbst schon so gefühlt hast. Das passiert nicht, weil du ein besserer Mensch bist als die anderen, sondern weil es allen Menschen gleich ergeht. Je besser du dich selbst kennst, desto besser verstehst du die anderen.

Wenn die Welt voller Übel ist, wie können wir dann unangenehme Erfahrungen zum Pfad des Erwachens machen? Eine Möglichkeit ist, absolutes Bodhicitta aufblitzen zu lassen. Die meisten Techniken haben jedoch etwas mit relativem Bodhicitta zu tun, das heißt damit, sich auf den empfindlichen Punkt einzulassen, Kontakt mit dem empfindlichen Punkt aufzunehmen, nicht nur mit Hilfe der angenehmen Dinge, sondern auch mit Hilfe der unangenehmen Dinge.

Ishi hatte viele Gründe, wütend zu sein. Sein ganzer Stamm war systematisch ausgerottet worden. Niemand außer ihm war übriggeblieben. Aber er war nicht wütend. Wir könnten viel von ihm lernen. Was auch passiert: Wir müssen Kontakt mit dem empfindlichen Punkt aufnehmen, der sich hinter der Wut verbirgt, und uns für das öffnen, was dort zu finden ist. Dann können wir uns auf den Feind einlassen, und zwar so, daß wir lernen, uns in ihn hineinzuversetzen, uns an seine Stelle zu versetzen. Wir müssen es irgendwie schaffen, mit dem Feind zu kommunizieren – von Herz zu Herz. Nur so können wir etwas verändern. Solange wir den Feind noch hassen, leiden wir, der Feind leidet, und die Welt leidet.

Nur auf eine Weise können wirkliche Reformen erreicht werden: ohne Haß. Genau das ist die Botschaft von Martin Luther King, Cesar Chavez und Mutter Theresa. Gerald Red Elk, ein Mitglied des Sioux-Ältestenrats, der mir ein guter Freund und Lehrer war, hat mir einmal erzählt, daß er als junger Mann wegen der Art, wie sein Volk behandelt wurde und heute noch behandelt wird, voller Haß war. Durch seinen Haß wurde er zum Trinker und geriet in eine schlimme Lage. Aber als er während des Zweiten Weltkriegs als Soldat in Europa war, veränderte sich etwas in ihm: Er erkannte, daß sein Haß ihn vergiftete. Nachdem er aus dem Krieg zurückgekehrt war, versuchte er, den jungen Leuten seines Stammes den Geist der Zuversicht und Würde zurückzugeben. Seine wichtigste Mitteilung an die jungen Leute war, daß sie nicht hassen sollten, sondern lernen, mit allen Lebewesen zu kommunizieren. Er war eine wirklich große Persönlichkeit.

Eine andere Losung lautet: »Alle Dharmas stimmen in einem Punkt überein.« Egal welche Lehre man nimmt – Shamatha-Vipashyana-Anweisung, Lojong-Anweisung oder welche

Heils- und Gesundheitslehre aus welcher Weisheitstradition auch immer –, der Punkt, in dem sie alle übereinstimmen, ist, daß man sein Anklammern ans Ich aufgeben soll. Das ist der Weg, der uns mit der Welt versöhnt. Das bedeutet nicht, daß Ich-Bezogenheit Sünde ist. Wir müssen unser Ego nicht aufgeben. Wir müssen uns vielmehr mit unserem Ego vertraut machen – es uns zum Freund machen, indem wir unsere Gefühle weder unterdrücken noch ausagieren.

Egal, ob man sich mit der schlimmen weltpolitischen Lage oder der schlimmen Lage im eigenen Land befaßt: Der Schmerz, der damit zusammenhängt, kommt vom Anklammern ans Ego, von dem Wunsch, daß alles nach unseren eigenen Vorstellungen ablaufen muß, von der krampfhaften »Ich-sieghaft-Haltung«.

Das Ego ist wie ein persönlicher Raum mit einem bestimmten Aussehen, einer bestimmten Temperatur und den Gerüchen und der Musik, die wir mögen. Wir wollen ihn genauso haben, wie wir uns ihn vorstellen. Wir möchten nur ein bißchen unsere Ruhe haben, ein bißchen glücklich sein, uns einen kleinen privaten Freiraum schaffen.

Aber je mehr wir so denken und je mehr wir uns das Leben so zurechtstutzen wollen, wie es uns paßt, desto größer wird unsere Angst vor den anderen und allem, was draußen vor sich geht. Statt unseren Frieden zu finden, machen wir die Schotten dicht und verbarrikadieren die Eingänge. Wenn wir uns mal vor die Tür wagen, kommt uns alles bedrohlich und unerträglich vor. Wir werden immer empfindlicher, ängstlicher und unsicherer. Je mehr wir alles unter Kontrolle halten wollen, desto unsicherer fühlen wir uns.

Wir müssen die Tür aufmachen, um Mitgefühl mit uns selbst und anderen entwickeln zu können. Wir können die Tür jedoch nicht mir nichts, dir nichts aufreißen, weil wir erst mal genug damit zu tun haben, mit unserer Angst klarzukommen, jemand, den wir nicht mögen, könnte hereinkommen. Erst wenn wir lockerer werden und uns mit dem Gefühl anfreunden, können wir die Tür aufmachen. Natürlich kommen dann die Töne und die Gerüche rein, die wir nicht mögen. Mit Sicherheit klemmt irgend jemand seinen Fuß in den Türspalt und verlangt von uns, eine andere Religion anzunehmen oder jemanden zu wählen, der uns unsympathisch ist, oder Geld rauszurücken, das wir lieber behalten würden.

Mit diesen Gefühlen muß man sich vertraut machen. Entwickle Mitgefühl. Nimm Kontakt mit dem empfindlichen Punkt auf. Mach dich vertraut mit dem, was passiert, wenn du nicht mehr soviel Angst hast, dir könnte etwas Schlimmes passieren. Nach und nach entwickelst du mehr Neugier und hast nicht mehr so viel Angst, genau wie Ishi. Furchtlosigkeit entwickelt man nicht dadurch, daß man die Angst überwindet, sondern dadurch, daß man ihren Ursprung erkennt. Wir brauchen nur die Tür langsam zu öffnen, und irgendwann fühlen wir, daß wir alle fühlenden Wesen als Gäste einlassen können.

Dann werden wir verstehen, daß auch die Nelson Mandelas und Mütter Theresas überall auf der Welt wissen, was es heißt, in einem winzigen Zimmer mit verschlossenen Fenstern und Türen zu sitzen. Sie wissen, was Wut, Eifersucht und Einsamkeit bedeuten. Sie sind Menschen, die Freundschaft mit sich selbst geschlossen haben. Und so haben sie Freundschaft mit der Welt geschlossen. Sie sind Menschen, die den Mut fanden, sich auf die wechselhaften, innigen und angsterfüllten Gefühle ihrer Herzen einzulassen, und die deshalb auch keine Angst mehr haben, wenn die Außenwelt diese Gefühle in ihnen auslöst.

Wenn wir anfangen, das zu praktizieren, werden wir unseren eigenen Gefühlen gegenüber so ehrlich, daß wir anderen Menschen gegenüber dasselbe Verständnis aufbringen können. In einer Diskussionsrunde während eines Lojong-Übungswochenendes erzählte ein junger Mann folgende Geschichte: Er wollte Billard spielen und ging in eine Kneipe in Los Angeles. Vor dem Spielen hängte er seine nagelneue Lederjacke über einen Stuhl. Nach dem Spiel war die Jacke verschwunden. Die vier anderen Kneipengäste saßen einfach da und grinsten ihn unverschämt an. Es waren unglaublich coole Typen. Er kam sich ziemlich dämlich vor. Es war ihm klar, daß sie ihm die Jacke weggenommen hatten und er alt ausgesehen hätte, wenn er sie darauf angesprochen hätte, denn er war ziemlich schmächtig, und es waren vier gegen einen. Er kam sich ganz schön gedemütigt vor und fühlte sich hilflos.

Seine Erfahrung mit Lojong sagte ihm aber, daß er sich in diesem Augenblick allen verbunden fühlte, über die man sich lustig macht, die verachtet werden, auf die man wegen ihres Glaubens, ihrer Hautfarbe, ihres Geschlechts, ihrer sexuellen Neigungen, ihrer Volkszugehörigkeit oder aus welchen Gründen auch immer spuckt. Er fühlte sich über die Schranken von Raum und Zeit mit all denen verbunden, die sich in demütigenden Situationen befinden. Er machte also eine tiefgreifende Erfahrung. Er bekam dadurch seine Jacke nicht wieder, es löste das Problem überhaupt nicht. Aber diese Erfahrung öffnete sein Herz für unzählige Menschen, mit denen ihn vorher nichts verbunden hatte.

Genau so öffnet die Praxis unser Herz. Genau so entstehen Dankbarkeit und Wertschätzung für unser eigenes Leben. Wir werden Teil einer Ahnenreihe von Menschen, die im Laufe der Geschichte ihren Mut entwickelt haben, den Mut, trotz ungeheurer Widerstände offen zu bleiben, und Probleme und leidvolle Erfahrungen zum Pfad des Erwachens werden zu lassen. Wir werden immer wieder auf die Nase fallen, wir werden uns immer wieder fehl am Platz fühlen, und wir werden diese Erfahrungen nutzen, um wach zu werden, genau wie sie es getan haben. Die Lojong-Lehren sind das Mittel, um Kontakt mit unserer Ahnenreihe aufzunehmen, der Ahnenreihe der sanften Kriegerschaft.

8

Gib einem alle Schuld

Ich möchte gern über eine weitere Losung sprechen: »Gib einem alle Schuld.« Wenn wir, wie in der vorigen Losung, über die »Welt voller Übel« sprechen, dann bedeutet das, daß die Welt mit den Auswirkungen des Anklammerns an das Ego angefüllt ist. Dadurch wird viel Schmerz verursacht. Aber diese leidvollen Zustände können in den Bodhi-Pfad verwandelt werden, und zwar zum Beispiel, indem man nur einem alle Schuld gibt. Um zu verstehen, wie das funktioniert, wollen wir zunächst einmal betrachten, was passiert, wenn wir anderen die Schuld geben.

Eine Zeitlang besorgte mir jemand sonntags die *New York Times*, und ich hatte Gelegenheit zu lesen, was passiert, wenn Menschen sich gegenseitig beschuldigen. In Jugoslawien herrscht sehr viel Leid. Kroaten und Serben ermorden sich gegenseitig, berauben sich und bringen Kinder und alte Menschen um. Würde man jemanden, egal von welcher Seite, fragen, was sie wollen, bekäme man zur Antwort, daß sie einfach nur glücklich sein möchten. Die Serben wollen einfach nur glücklich sein. Sie betrachten die anderen als ihre Feinde und glauben, sie könnten nur glücklich werden, wenn sie die Ursache ihres Unglücks ausrotten. So denken wir alle. Und wenn wir jemanden von der Gegenseite fragen, sagt er dasselbe. Genauso ist es in Israel mit den Arabern und den Juden. Und in Nordirland mit den Protestanten und Katholiken. Es ist überall dasselbe, und es wird immer schlimmer.

Wenn wir die Welt auf diese Art betrachten, stellen wir fest, daß nie jemand ermutigt wird, sich gefühlsmäßig auf unterschwellige Angst, Nervosität und den empfindlichen

Punkt einzulassen, und deshalb meinen wir, es bliebe uns nichts übrig, als anderen die Schuld zu geben. Aber wir brauchen nur in eine Zeitung zu schauen, um festzustellen, daß es so nicht geht.

Betrachten wir unser eigenes Leben. Wie ergeht es uns selbst mit unseren Sündenböcken? Oft sind es die Menschen, zu denen wir die engsten Beziehungen haben. Sie gehen uns so nah, weil wir sie nicht loswerden können, indem wir ans andere Ende der Stadt ziehen oder uns im Bus woanders hinsetzen oder welche Extravaganzen wir uns flüchtigen Bekanntschaften gegenüber herausnehmen, wenn sie uns lästig werden.

Es ist ein ganz großer Irrtum zu denken, es gäbe einen Unterschied zwischen der Art, wie wir selbst mit lästigen Leuten umgehen, und dem, was in Nordirland, Jugoslawien, dem Mittleren Osten oder Somalia passiert. Wer glaubt, es gäbe einen Unterschied zwischen dem eigenen Verhalten und dem, was die Bewohner anderer Erdteile den Weißen gegenüber empfinden oder die Weißen den Farbigen gegenüber oder was in vergleichbaren Situationen überall auf der Welt passiert, irrt sich. Wir müssen immer bei uns selbst beginnen. Wenn alle Menschen dieses Planeten bei sich selbst begännen, würde sich das Aggressionspotential ändern, das überall Völkermorde verursacht.

»Gib einem alle Schuld« – oder auch »Gib dir selbst die Schuld« – klingt wie ein masochistisches Bekenntnis. Es klingt wie: »Schlag mich, beschmeiß mich mit Dreck, mach mich fertig und tritt mir die Zähne ein.« Keine Sorge, das soll es nicht bedeuten.

Eine der Methoden, »Gib einem alle Schuld« zu praktizieren, ist folgende: Wir beginnen darauf zu achten, wie es sich anfühlt, jemand anderem die Schuld zu geben. Was verbirgt sich hinter dem ganzen Gerede und Getratsche darüber, wie unzulänglich jemand ist? Wie fühlen sich Beschuldigungen im Magen an? Darauf zu achten, führt dazu, daß wir beginnen, Mut, Mitgefühl und Aufrichtigkeit zu kultivieren. Wenn uns diese völlig unbewältigten Anteile des eigenen Lebens bewußt werden, laufen wir nicht mehr davor weg, sondern beginnen, neugierig darauf und offen dafür zu werden.

»Gib einem alle Schuld« ist eine heilsame und mitfühlende Anweisung, die die hartnäckige Tendenz, immer anderen für alles die Schuld zu geben, einfach kurzschließt. Sie bedeutet nicht, sich selbst die Schuld zu geben. Sie bedeutet, sich klarzumachen, wie sich Schuld im ganzen anfühlt. Statt uns selbst zu schützen und vieles einfach beiseite zu schieben, beginnen wir, uns auf die Tatsache einzulassen, daß unter der dicken Panzerung ein sehr empfindlicher Punkt verborgen liegt. Schuldzuweisung ist wahrscheinlich einer unserer raffiniertesten Schutzpanzer.

Wir können die Losung auch noch viel grundsätzlicher verstehen und uns von allem lösen, was man normalerweise unter »Schuld« versteht. Dann wenden wir sie einfach auf den Umstand an, daß irgend etwas falsch läuft. Wenn wir das Gefühl haben, daß etwas falsch läuft, müssen wir uns von unserem Drehbuch lösen und uns auf das einlassen, was dahintersteckt. Wenn wir die Worte loslassen und aufhören, Selbstgespräche zu führen, merken wir vielleicht, daß da noch etwas anderes ist, und dieses Etwas ist sehr weich und verletzlich. Am Anfang kommt es uns wahrscheinlich sehr intensiv und überwältigend vor, aber wenn wir uns nicht abschrecken lassen und unser Herz noch weiter öffnen, stellen wir fest, daß unter dieser Angst etwas liegt, das man bebende Empfindsamkeit nennt.

Die Wahrheit an dieser ganzen Sache ist: Obwohl es so viele Lehren und Praxismethoden gibt, muß jeder einzelne seinen eigenen Weg finden. Was bedeutet es wirklich, sich zu öffnen? Was bedeutet es, keinen Widerstand zu leisten? Was bedeutet es? Es ist eine lebenslange Reise, eigene Antworten auf diese Fragen zu finden. Aber Lehre und Praxis sind große Hilfen auf dieser Reise.

Versuche, schuldbesetzte oder störende Objekte fallenzulassen. Laß den Schneeball fallen, statt ihn zu werfen, und laß dich auf nichtbegriffliche Weise auf die Wut ein. Laß dich auf deinen gerechten Zorn ein und auf das Gefühl, es satt zu haben, die Nase voll zu haben oder was auch immer. Hör einfach mit den Selbstgesprächen auf, wenn Mortimer an dir vorbeigeht, statt vier Tage lang innere Monologe über ihn zu führen. Befolge einfach die Anweisungen, stelle fest, daß du Selbstgespräche führst, und laß es los. Das ist die grundlegende Shamatha-Vipashyana-Anweisung – das ist mit »das Objekt loslassen« gemeint.

Wenn wir dem Feuer des Zorns oder der Gier keine Nahrung mehr geben, indem wir mit den Selbstgesprächen aufhören, dann findet das Feuer keine Nahrung mehr. Es flackert und erlischt. Wir sagen, daß alles einen Anfang, eine Mitte und ein Ende hat. Aber wenn wir anderen die Schuld geben und Selbstgespräche führen, scheint alles einen Anfang, eine Mitte und kein Ende zu haben.

Seltsamerweise beschuldigen wir andere und stecken viel Energie in die Zielscheiben unserer Wut oder sonstiger negativer Emotionen, weil wir Angst haben, daß die Wut, Sorge oder Einsamkeit ewig anhält. Wir lassen uns also nicht unmittelbar auf die Sorge, Einsamkeit oder Wut ein, sondern suchen einen Ausweg, indem wir anderen die Schuld daran geben. Vielleicht tun wir das nur in Selbstgesprächen, vielleicht schlagen wir aber auch tatsächlich zu, schießen auf jemanden oder schreien ihn an. Was wir auch tun, ob wir unseren Körper, die Sprache oder den Geist einsetzen oder alle drei, seltsamerweise glauben wir, so könnten wir den

Schmerz loswerden. Tatsächlich bewirkt Ausagieren, daß der Schmerz nie aufhört.

»Gib einem alle Schuld« besagt, daß wir uns unsere Schuldgefühle oder den Drang, andere zu beschuldigen, unsere Wut oder unsere Einsamkeit zu *eigen* machen und damit Freundschaft schließen sollen. Wir verwenden die Tonglen-Praxis, um herauszufinden, wie wir Wut, Angst oder Einsamkeit zu einer Wiege liebevoller Güte machen können. Wir verwenden sie, um zu lernen, mit diesem ganzen Kram feinfühlig umzugehen. Um feinfühlig zu werden und eine Atmosphäre von Mitgefühl entstehen zu lassen, muß man mit den Selbstgesprächen aufhören, die sich immer darum drehen, wie falsch doch alles läuft – oder wie richtig: Auch damit muß man aufhören.

Ich fordere hiermit alle auf, das Objekt der Beschuldigung fallenzulassen, Tonglen zu praktizieren und auszuprobieren, ob die Kraft der sogenannten Gifte tatsächlich abnimmt. Ich habe damit herumexperimentiert, weil ich nicht glauben wollte, daß es funktioniert. Ich konnte nicht recht daran glauben, daß es tatsächlich stimmt, und weil ich sehr große Zweifel hatte, kam es mir eine Zeitlang so vor, als ob es nicht funktionieren würde. Aber als mein Vertrauen stärker wurde, erkannte ich, daß es wirklich geschieht – die Stärke von Klesha läßt nach und auch die Dauer. Das passiert, weil Luft ans Ego kommt. Das große, stabile Ich – *»Ich habe ein Problem. Ich bin einsam. Ich bin wütend. Ich bin süchtig.«* – wird irgendwie luftiger, wenn man nur gegen den Strich bürstet und sich seine Gefühle zu eigen macht, statt anderen die Schuld zu geben.

Der »Eine« in »Gib einem alle Schuld« entspricht unserer Neigung zum Selbstschutz, dem Anklammern ans Ego. Wenn wir alle Schuld auf diese Neigung laden, indem wir uns unsere Gefühle zu eigen machen und sie voll empfinden, beginnt der handgreifliche Monolith ICH luftiger und durchsichtiger zu werden, denn er besteht aus unseren Meinungen, Stimmungen und einer Menge flüchtiger Bestandteile, ist aber zugleich real und wirksam, Stoff und Material.

Ich kannte einen fünfzehnjährigen hispano-amerikanischen Jungen namens Juan aus Los Angeles. Er wuchs in einem gewalttätigen Milieu auf und trieb sich seit seinem dreizehnten Lebensjahr in Jugendbanden herum. Er war ganz schön ausgekocht, benahm sich ziemlich primitiv, redete unflätiges Zeug und war aggressiv wie ein offenes Rasiermesser. Man hatte das Gefühl, daß ihm gar nichts anderes übrig blieb: Seine Umgebung war dermaßen brutal, daß er sich so fies und primitiv wie möglich verhalten mußte, um in ihr zu überleben.

Er war einer von denen, die hundertprozentig alle Schuld den anderen geben. Jedem, der ihm eine ganz normale Frage stellte, sagte er, er solle sich verpissen. Wenn er jemandem Ärger machen konnte, konnte man sich darauf verlassen, daß er es auch tat. Im Grunde war er eine absolute Landplage, aber irgendwie hatte er auch Flair und etwas Brillantes. Außerhalb seiner Banden betrachtete man ihn mit gemischten Gefühlen: Man haßte ihn und liebte ihn gleichzeitig. Er war zügellos und zugleich witzig und komisch, aber er war roh – er schlug auf Leute ein und stieß sie herum. Und das war noch harmlos im Vergleich zu dem, was er in seinem Stadtviertel machte, wo es normal war, daß man sich gegenseitig umbrachte.

Man schickte ihn einen Sommer lang nach Boulder, Colorado, um ihn aus seinem Milieu herauszuholen, und spendierte ihm einen schönen Landaufenthalt in den Rocky Mountains. Seine Mutter und einige andere Leute versuchten, ihm eine gute Ausbildung zu verschaffen und ihn aus dem Alptraum herauszuholen, in dem er bis dahin aufgewachsen war. Ich lernte ihn kennen, weil die Leute, bei denen er wohnte, losen Kontakt zu den Buddhisten hielten. Eines Tages nahmen sie ihn zu einer Veranstaltung mit Trungpa Rinpoche mit, und am Ende der Veranstaltung sang Trungpa Rinpoche die Shambhalahymne. Das war ein schreckliches Erlebnis für uns restliche Teilnehmer, weil er aus irgendeinem Grund eine Vorliebe dafür hatte, die Hymne mit einer ganz hohen, quäkenden und brüchigen Stimme zu singen.

Die besagte Veranstaltung fand im Freien statt. Als Rinpoche in ein Mikrophon sang und seine Stimme kilometerweit über die Ebene schallte, ließ sich Juan auf den Boden fallen und fing an zu weinen. Alle anderen waren entsetzt oder verlegen, doch Juan fing einfach an zu weinen. Später sagte er, er habe geweint, weil er noch nie einen so mutigen Menschen gesehen habe. Er sagte: »Dieser Typ hat keine Angst davor, sich zum Idioten zu machen.« Es stellte sich als wichtiger Wendepunkt seines Lebens heraus, weil er erkannte, daß auch er keine Angst zu haben brauchte, sich lächerlich zu machen. Die ganze Fassade und zur Schau gestellte Aggressivität hatten ihm zum Schutz seines empfindlichen Punktes gedient, und auf einmal konnte er sie loslassen. Wach und helle wie er war, hatte er die Botschaft verstanden. Sein Leben veränderte sich. Heute hat er eine Ausbildung abgeschlossen, lebt wieder in Los Angeles und kümmert sich um Jugendliche, die so drauf sind, wie er früher war.

Genau darum geht es: Wir neigen dazu, Juan alle Schuld zu geben, weil er so widerlich ist. Wir haben nicht den Mut, uns für das zu öffnen, was sich hinter dem ganzen Gerede von Haß, Gier und Neid verbirgt. Wir agieren es nur immer und immer wieder aus. Aber wenn wir die Losung praktizieren und alle Schuld auf *einen* laden, wird der Schutzpanzer der eigenen Egoverhaftung geschwächt, und der empfindliche Punkt im eigenen Herz wird offenbar. Wir kommen uns dabei vielleicht albern vor, aber wir brauchen keine Angst davor zu haben. Es geht darum, Freundschaft mit sich selbst zu schließen.

9

Sei jedem dankbar

Bei der Losung »Sei jedem dankbar« geht es darum, Frieden mit den Teilen der eigenen Persönlichkeit zu schließen, die man ablehnt. Wenn wir das fertigbringen, können wir auch Frieden mit Menschen schließen, die wir nicht mögen. Genauer gesagt: Viel mit Leuten zu tun zu haben, die man nicht mag, kann zum Katalysator werden, um Frieden mit sich selbst zu schließen. Darum: »Sei jedem dankbar.«

Wenn wir eine Liste der Menschen aufstellen würden, die wir nicht mögen – Leute, die wir widerlich, bedrohlich oder verachtungswürdig finden –, könnten wir vieles über die Anteile von uns selbst herausfinden, mit denen wir nicht klarkommen. Wenn wir für jeden der Störenfriede eine charakteristische Bezeichnung finden würden, hätten wir eine aufschlußreiche Liste der Eigenschaften, die wir an uns selbst ablehnen und in die Außenwelt projizieren. Die Menschen, die uns unwissentlich anwidern, geben uns über die Eigenschaften Aufschluß, die wir an uns selbst nicht akzeptieren wollen und die wir sonst überhaupt nicht wahrnehmen würden. Traditionelle Lojong-Lehren drücken das so aus: Andere Menschen lösen bei uns das Karma aus, das wir noch nicht aufgearbeitet haben. Sie halten uns einen Spiegel vor und geben uns dadurch die Chance, mit dem Ballast Freundschaft zu schließen, den wir seit ewigen Zeiten wie einen Rucksack voller Granitblöcke mit uns herumschleppen.

»Sei jedem dankbar« besagt, daß man aus jeder Situation lernen kann, besonders, wenn man diese Losung bewußt praktiziert. Die Menschen und Situationen, denen wir im Leben begegnen, fordern uns dazu auf, Neurosen als das zu erkennen, was sie sind, zu erkennen, wann wir uns in unserem Zimmer unter der Bettdecke verkriechen, die Rollos runterziehen, die Tür abschließen und dazu verurteilt sind, dort zu bleiben.

Es gibt einen Grund, warum wir von jedem etwas lernen können: Jeder Mensch verfügt über eine grundlegende Weisheit, Klugheit und Gutheit. Und deshalb ist es möglich, an die ursprünglich allem innewohnende Weisheit und das Mitgefühl heranzukommen, wenn unsere Umgebung es zuläßt und uns anspornt, mutig genug zu sein, um Herz und Geist zu öffnen. Es ist, als würden wir in unsere eigene Quelle eintauchen, in das, was schon immer ein Teil von uns war. Es ist die Bereitschaft, Augen, Herz und Geist zu öffnen und die Situationen, in die man gerät, als Lehrmeister zu akzeptieren. Mit dieser bewußten Herangehensweise kann man selbst herausfinden, wodurch Elend und Glück verursacht werden.

»Sei jedem dankbar« bedeutet, sich völlig neue Verhaltensweisen anzueignen. Diese Losung ist alles andere als Wischiwaschi oder naiv. Sie bedeutet nicht, daß wir wissend lächeln sollen, wenn wir auf der Straße zusammengeschlagen werden und, bevor wir das Bewußtsein verlieren, noch sagen: »O ja, dafür sollte ich wirklich dankbar sein.« Diese Losung legt unsere Gewohnheit, Ignoranz durch Vermeidung zu perfektionieren, ohne zu wissen, daß man dadurch Gift schluckt und eine neue Schutzschicht über sein Herz legt, bis ins innerste Mark bloß.

»Sei jedem dankbar« bedeutet, daß man aus allen Situationen lernen kann und daß die härtesten oft die lehrreichsten sind. Vermutlich gibt es für jeden von uns mindestens einen Menschen, der so richtig für Aufregung sorgt. Man wird sie niemals los: die Mutter, den Ehemann, die Ehefrau, den Geliebten, das eigene Kind – alles Menschen, mit denen wir uns tagtäglich auseinandersetzen müssen, die untrennbar mit den Situationen verbunden sind, denen wir nicht ausweichen können.

Aus diesen Situationen lernen wir wirklich etwas, weil sie keine bequemen Lösungen zulassen. Wir werden immer wieder neu herausgefordert. Wir begegnen immer wieder neuen Herausforderungen, stoßen an unsere Grenzen. Niemand anders kann uns genau sagen, wie wir uns verhalten sollen, weil nur wir selbst wissen, wo es uns zur Qual wird, wo uns die Beziehung zu unserer persönlichen Nervensäge an die Nieren geht. Das kann niemand sonst wissen. Niemand sonst weiß, wo du feinfühliger werden mußt, wo du mehr Klarheit schaffen mußt, wo du schweigen und wo du reden solltest.

Niemand anders kann nachempfinden, was es für einen bestimmten Menschen bedeutet, seine Tür zu öffnen. Für manche bedeutet es, die Tür ein wenig mehr zu öffnen, wenn sie endlich etwas aussprechen, für andere bedeutet es, einmal still zu sein. Das hat alles etwas damit zu tun, mit welchen tiefsitzenden Verhaltensmustern wir reagieren, wenn uns etwas unter die Haut geht, wie sich die ganze Situation entschärfen läßt und wodurch eine Verhaltensänderung herbeigeführt wird. Durch Menschen, die uns Schwierigkeiten machen, werden wir mit diesem Problem, dieser Herausforderung, konfrontiert.

Wir können grundsätzlich nur auf eine einzige Weise mit den Nervensägen, denen wir im Leben begegnen, kommunizieren: indem wir die Lehren und die Praxis sehr persönlich nehmen. Wir sollten uns nicht mit den Interpretationen anderer zufriedengeben, weil die Weisheit in uns selbst liegt und nur wir selbst herausfinden können, wie die Tür aufgemacht wird. Auch wenn wir uns noch so sehr wünschen, diese gräßlichen Nervensägen würden endlich verschwinden und uns in Ruhe lassen: Wir werden sie einfach nicht los, und selbst wenn es uns gelingt, sie uns irgendwie vom Hals zu schaffen, tauchen sie bald mit anderen Namen und Gesichtern wieder auf. Sie sprechen immer genau den Punkt an, an dem wir total festgefahren sind.

Jedem dankbar zu sein, hat die sehr wichtige Bedeutung, daß keine Losung, keine Meditationspraxis und keine Belehrung eine fertige Lösung ist. Jeder entwickelt sich dauernd weiter. Jeder lernt ständig dazu und öffnet sich immer weiter.

Es ist gut, seinen Geist zu öffnen, damit man jede Situation als etwas Neues und Frisches erlebt, so, als hätte man so etwas noch nie zuvor erlebt, wie einen völligen Neubeginn. Aber selbst mit dieser Einstellung kann man in die Falle tappen. Nehmen wir zum Beispiel an, da ist eine Meditationsanleiterin. Jetzt kommt eine Schülerin zu ihr, und weil sie sehr offen und gut drauf ist, passiert etwas Zauberhaftes. Zwischen Lehrerin und Schülerin entwickelt sich ein echtes und tiefes Gespräch, und es ist spürbar, daß etwas sehr Fruchtbares stattfindet. Es entsteht ein sehr enger Kontakt, und die Lehrerin hat wirklich das Herz der Schülerin erreicht. Sie geht, und die Lehrerin fühlt sich wunderbar – »Toll! Ich habe etwas Großartiges vollbracht. Ich habe es genau gespürt.« Wenn der nächste Schüler kommt, hat sie ihre Frische und Offenheit verloren, weil sie sich wegen dem, was eben passiert ist, immer noch gut fühlt. Der Schüler setzt sich hin und erzählt ihr etwas. Sie gibt ihm dieselbe Antwort wie der anderen Schülerin. Aber das läßt ihn kalt, er ist völlig desinteressiert. Die Lehrerin macht die demütigende Erfahrung, daß dasselbe Problem nicht immer auf dieselbe Art gelöst werden kann. Sich selbst und anderen zu helfen, hat etwas damit zu tun, sich zu öffnen und einfach nur da zu sein. Dann kann sich etwas zwischen Menschen abspielen. Es ist ein stetiger Vorgang. Nur auf diese Weise lernt man. Es genügt nicht, nur einmal offen zu sein. Was wir von unseren persönlichen Nervensägen lernen, können wir uns nicht patentieren lassen, um es dann als Wundermittel mit Erfolgsgarantie zu vermarkten. So läuft es nicht. Das Lernen, um das es hier geht, erfordert stetige Wachsamkeit.

Ein Meditationsschüler, mit dem ich mal gearbeitet habe und den ich hier Dan nennen werde, hatte ein schlimmes Alkohol- und Drogenproblem. Erst machte er große Fortschritte, doch dann verschwand er zu einer Sauftour. Am selben Tag, als ich davon erfuhr, hatte ich Gelegenheit, mich mit Trungpa Rinpoche zu treffen. Ich platzte vor ihm damit heraus, wie schrecklich ich es fand, daß Dan eine Sauftour veranstaltete. Was war ich enttäuscht! Tja, und Rinpoche wurde ziemlich wütend. Mir blieben richtiggehend Herz und Verstand stehen. Er sagte, sich über Dans Sauftour aufzuregen, wäre mein eigenes Problem. »Man sollte niemals Erwartungen in andere Menschen setzen, sondern einfach nur freundlich zu ihnen sein«, sagte er. In bezug auf Dan hieß das, daß ich ihm nur helfen sollte, Meter um Meter voranzukommen, daß ich einfach freundlich zu ihm sein sollte – ihn zum Essen einladen, ihm kleine Geschenke machen und alles tun, um ein wenig Fröhlichkeit in sein Leben zu bringen –, statt große Ziele für ihn zu entwerfen. Rinpoche sagte, daß es eine Form von Aggression sein kann, Ziele für andere zu setzen, und daß man sich damit in Wirklichkeit selbst ein Erfolgserlebnis verschaffen will. Indem wir unseren Wunsch nach einem Erfolgserlebnis auf andere übertragen, zwingen wir sie dazu, unsere eigenen Ideale zu verwirklichen. Statt dessen sollten wir einfach nur freundlich sein.

Der Clou bei »Sei jedem dankbar« ist, daß wir Situationen, die uns aus dem Häuschen bringen, genauso vermeiden wollen wie die Menschen, die dazugehören. Wir wollen ihnen nicht dankbar sein. Wir wollen das Problem beseitigen und nicht mehr verletzt werden. Manche Menschen bringen uns dazu, uns verwirrt, gedemütigt oder mißbraucht zu fühlen. Irgend etwas an der Art, wie sie uns behandeln, bewirkt, daß wir uns so mies fühlen, daß wir nur noch eins wollen: raus aus der Situation.

Die Losung soll uns dazu anregen, Auseinandersetzungen als Lehrmeister zu sehen. Das muß nicht unbedingt heißen, daß wir die Klappe halten, schweigend dastehen und ein- und ausatmen sollen, obwohl das manchmal genau das richtige ist. Tonglen geht noch viel tiefer. Es hat etwas damit zu tun, sich für diese Situation zu öffnen, so daß die grundlegende Gutheit dieser Menschen und die grundlegende Gutheit von uns selbst anfangen, miteinander zu kommunizieren. Angestrebt wird etwas, das zwischen Unterdrücken und Ausagieren liegt, etwas Einzigartiges, das dennoch jedesmal wieder anders ist. Jeder Mensch hat die Weisheit, um es zu finden, jeder hat die Weisheit zu entdecken, wie man sich öffnet. Sie wohnt jedem von uns prinzipiell inne. Der Ausweg aus dem Verhaftetsein ans Ego ist ein Prozeß des Sich-Hingebens an Situationen, wobei es mehr ums Kommunizieren geht als ums Gewinnen.

Mitfühlendes Handeln und mitfühlendes Reden sind keine Zufallstreffer, sie entwickeln sich vielmehr in einem lebenslangen Prozeß. Ihr Anfang ist dort, wo wir begreifen, daß wir nicht wie ein Wurm am Boden kriechen und alles in uns hineinfressen müssen, was passiert, wenn unsere Nervensägen auftauchen und gnadenlos einen unserer Knöpfe nach dem anderen drücken: »Okay, sollen sie mich ruhig attackieren.« Es geht aber auch nicht darum, einfach zu sagen »Ihm oder ihr werd ich's schon geben.« Es ist eine Herausforderung. So äußert sich das Koan im Alltag: Die unlösbaren Probleme des Lebens sind unsere besten Lehrer.

Als der große buddhistische Lehrmeister Atisha nach Tibet kam, hatte er die Lojong-Lehren schon eine Zeitlang praktiziert. Wie die meisten Praktizierenden beunruhigte ihn der Umstand, daß es blinde Flecken gibt, von denen man nichts weiß. Wir kennen nicht alle Bereiche, in denen wir verhaftet sind. Daher schätzte er die Nervensägen, die in seinem Leben eine Rolle spielten, ganz besonders hoch, weil er wußte, daß sie ihm als einzige nah genug kommen konnten, um ihm zu zeigen, wo seine blinden Flecken waren. Durch sie wurde sein Ego kleiner. Durch sie wuchs sein Mitgefühl.

Es wird berichtet, daß Atisha gehört hatte, die Bewohner Tibets seien sehr gutherzig, bodenständig, anpassungsfähig und offen. Er entschied, daß sie nicht ungehobelt genug wären, um ihn herauszufordern. Darum nahm er einen übellaunigen bengalischen Teejungen mit schlechten Manieren mit, weil er glaubte, nur so könne er sich seine Wachheit bewahren. Die Tibeter erzählen gern, daß er, als er nach Tibet kam, feststellte, daß er den Teejungen nicht gebraucht hätte: Die Tibeter waren längst nicht so liebenswürdig, wie behauptet worden war.

In unserem eigenen Leben sind die bengalischen Teejungen Leute, die, wenn wir sie zur Haustür hereinlassen, sofort in den Keller rennen und dort alte Sachen aufstöbern, an die wir lieber nicht erinnert werden möchten. Sie schnappen sich einen dieser Gegenstände, schleppen ihn nach oben, halten ihn uns unter die Nase und fragen: »Gehört das dir?«

Das sind die Leute, die uns, die wir es gewohnt sind, sorgfältig zu arbeiten und daß alle uns beipflichten, sagen: »Ich denke gar nicht daran zu tun, worum du mich bittest. Ich finde das total bescheuert.« Wir fragen uns: »Was jetzt?« Und normalerweise nehmen wir eine solche Person dann einfach nicht in unser Team auf oder regen uns lang und breit darüber auf, was für ein Bastard dieser Mensch doch ist, der uns hier querkommt. Wenn ein solcher Konflikt im politischen Bereich auftritt oder wo immer es um irgendwelche »Ismen«

geht, malen wir ein Transparent, auf dem steht, wie sehr wir im Recht sind, und wie unrecht doch dieser Mensch hat. Bis dahin hat der andere Mensch auch ein Team zusammengestellt, und schon beginnen Rassenunruhen und der Dritte Weltkrieg. Wir schreiben gerechten Zorn auf unsere Fahnen und machen ihn zum Glaubensbekenntnis unserer Anhängerschaft. Alles fing damit an, daß jemand uns die Tour vermasselt hat, und endet in einem Kreuzzug um die Frage, wer recht und wer unrecht hat. So entstehen Kriege. Und niemand hat je daran gedacht, sich erst einmal auf das Gefühl des Verletzt-worden-Seins einzulassen und dann herauszufinden, welche Rede und Handlung angewendet werden kann.

Gurdjieff – der zu Beginn des zwanzigsten Jahrhunderts lebte und auf seine Weise auch ein Lehrer der verrückten Weisheit war – kannte die Bedeutung dieser Losung. Er lebte nicht weit von Paris in einem großen Herrenhaus mit weitläufigem Park. Dorthin kamen all seine Schüler, um mit ihm zu leben und von ihm zu lernen. Eine seiner Hauptlehren war, daß man sich jede Entwicklung, die man durchmacht, bewußt machen muß. Er liebte es, seinen Studenten Daumenschrauben anzulegen. Man sagt ihm nach, daß er von jedem verlangte, den Beruf anzunehmen, den er am wenigsten mochte. Wenn also jemand vorhatte, Universitätsprofessor zu werden, machte er ihn zum Gebrauchtwagenhändler.

In dieser Gemeinschaft befand sich auch ein Mann von unglaublich schwierigem Charakter. Er war so kratzbürstig, daß niemand ihn ausstehen konnte. Bei jeder kleinsten Kleinigkeit flippte er aus und bekam einen Koller. Nichts paßte ihm. Ständig moserte er herum, so daß alle auf Zehenspitzen um ihn herumschlichen, weil ihn alles, was jemand sagte, zum Explodieren bringen konnte. Alle hofften, er würde verschwinden.

Gurdjieff war dafür bekannt, daß er seine Schüler mit Vorliebe vollkommen sinnlose Dinge tun ließ. Eines Tages waren etwa vierzig Leute damit beschäftigt, eine Rasenfläche in kleine Stücke zu zerteilen und auf einen anderen Teil des Grundstücks zu transportieren. Das war zuviel für den Querkopf. Es war der Tropfen, der sein Faß zum Überlaufen brachte. Er bekam einen Wutanfall, sprang in sein Auto und brauste davon. Die anderen veranstalteten daraufhin ein spontanes Freudenfest. So überglücklich waren sie, daß er endlich weg war. Doch als sie Gurdjieff erzählten, was passiert war, sagte der nur »O nein« und fuhr dem Querkopf mit seinem Auto nach.

Drei Tage später kamen sie gemeinsam zurück. Als Gurdjieffs Diener ihm abends das Essen auftrug, fragte er: »Warum haben Sie ihn zurückgeholt, Herr?« Gurdjieff antwortete ihm mit sehr leiser Stimme: »Sie werden es mir nicht glauben, aber ich vertraue es Ihnen dennoch unter vier Augen an. Sie dürfen es niemandem weitersagen: Ich bezahle ihn dafür, daß er hierbleibt.«

Ich habe diese Geschichte einmal in einem Meditationszentrum erzählt. Später habe ich von dort einen Brief bekommen, in dem stand: »Wir hatten früher zwei Leute, die mithalfen, und alles lief sehr harmonisch ab. Jetzt haben wir vier Helfer und bekommen immer mehr Probleme. Jeden Tag stellen wir uns gegenseitig die Frage: ›Bezahlt dich jemand dafür, daß du hier bist?‹«

10

Die Festigkeit der Gedanken durchschneiden

Ich hatte mal ein Gespräch mit einer Schülerin, die gleich zu Anfang sagte: »Ich finde alles ziemlich deprimierend. Was wir hier machen, hat etwas Düsteres und Entmutigendes an sich. Wo bleibt die Freude? Wo bleibt die Heiterkeit?« Wir sprachen eine Zeitlang miteinander. Am Ende des Gesprächs war ihr plötzlich etwas klargeworden: »Ich glaube, die Freude kommt vom Realwerden.«

Das hat mich wirklich beeindruckt. Ob es darum geht, sich auf das echte Herz der Traurigkeit und die schmutzigen Stellen unseres Lebens einzulassen oder auf Vision, Erweiterung und Offenheit, alles Reale ist im Wohl-Sein, in der Freude eingeschlossen. Bei Freude geht es nicht um Vergnügen im Gegensatz zu Schmerz oder Heiterkeit im Gegensatz zu Traurigkeit. Freude umfaßt alles.

Es gibt eine Losung, die lautet: »Schwelge nicht in Selbstmitleid.« Es ist gut, sich an diese Losung zu erinnern, wenn man das Gefühl hat, daß die Tonglen-Praxis einen oft zum Weinen bringt. Das kann nämlich leicht zu Selbstmitleid führen, und Selbstmitleid benötigt viel Pflege. Wir müssen ziemlich viele Selbstgespräche führen, um es richtig in Schwung zu halten. Die Losung drückt aus, daß wir herausfinden sollen, wie sich Selbstmitleid jenseits unseres persönlichen Drehbuchs anfühlt. Auf diese Weise bringt uns das Training in eine echte, offenherzige und intelligente Beziehung zur ganzen Bandbreite menschlicher Erfahrung.

Wir sind schon komische Käuze: Menschen, die viel weinen, meinen, sie dürften nicht weinen, und Menschen, die nicht weinen, denken, sie sollten weinen. Ein Mann sagte mir, er wolle aufgeben und abreisen, weil er bei der Tonglen-Praxis nichts empfinde. Er merkte, daß er nicht an den entscheidenden Punkt kam. Er hatte weder besondere Gefühle wahrgenommen noch Wärme, sondern war einfach wie taub. Ich mußte ihm den Gedanken nahebringen, daß eine echte Erfahrung von Taubheit zugleich eine echte Erfahrung davon ist, Mensch zu sein.

Alles ist Rohmaterial zum Erwachen. Gefühllosigkeit, Gefühlsüberschwang und sogar Selbstmitleid – alles kann dazu dienen, uns aufzuwecken. Hauptsache, wir schaffen es, tiefer zu gehen und aus dem Drehbuch auszusteigen. An diesem Punkt bekommen wir eine Ahnung davon, was es bedeutet, Mensch zu sein. Dort ist die Quelle von Freude und Wohl-Sein – das Gefühl, real zu sein und Realität in anderen zu erfahren.

Wenn die Welt voller Übel ist, so sagt die Losung, voller Dinge, die wir nicht mögen, dann kann alles zum Pfad des Erwachens werden. Danach werden verschiedene Vorschläge gemacht, etwa »Gib einem alle Schuld« und »Sei jedem dankbar«. Ein dritter Vorschlag lautet, auftauchende Hindernisse in Erwachen zu verwandeln, indem man sich den Gedanken an die Nicht-Festigkeit der Dinge in Erinnerung ruft – indem man Shunyata oder absolutes Bodhicitta aufblitzen läßt.

Das ist eine sehr schwierige Losung. Es geht um Shunyata: »Um Verwirrung als die vier Kayas anzusehen, ist Shunyata ein unübertrefflicher Schutz.« Daß Verwirrung wahrgenommen wird, kann man problemlos nachvollziehen, aber der Rest ist sehr erklärungsbedürftig.

Das Wort *Kaya* bedeutet Körper. Die vier Kayas sind *Dharmakaya, Sambhogakaya, Nirmanakaya und Svabhavi-*

kakaya. Man könnte sagen, daß die vier Kayas als Beschreibung dienen, wie Leerheit sich manifestiert und wie man sie wahrnehmen kann.

Erstens gibt es den grundlegenden Raum des Dharmakaya – des Dharmakörpers. In unseren Morgenrezitationen sagen wir: »Dharmakaya ist die Essenz der Gedanken, nichts sonst, doch alles entsteht aus ihm.« Dharmakaya ist der grundlegende Raum, aus dem alles entsteht, und alles, was entsteht, ist von seinem Wesen her weiträumig – nicht starr oder zusammengepreßt.

Sambhogakaya – der »Genußkörper« – steht für die Erfahrung, daß Raum in Wirklichkeit keine Leerheit ist, wie man sie sich vorstellt, sondern aus Energie, Farbe und Bewegung besteht. Er vibriert wie ein Regenbogen, eine Seifenblase oder das Spiegelbild eines Gesichts. Er ist real und substanzlos zugleich. Sambhogakaya bezeichnet diese energetische Qualität, den Umstand, daß Leerheit fließt und lebt. Töne werden oft als Bild für Sambhogakaya verwendet, denn man kann sie nicht greifen, doch sie vibrieren, sind Energie und Bewegung.

Nirmanakaya – der dritte der vier Kayas – bezeichnet die Erfahrung, daß Leerheit sich als Form manifestiert. Über Nirmanakaya kommunizieren wir miteinander. Im Herzsutra heißt es: »Form ist Leerheit, Leerheit ist Form.« Nirmanakaya bezeichnet den Umstand, daß die Phänomene sich manifestieren. Bäume, Gras, Häuser, Straßenverkehr, wir alle und die ganze Welt manifestieren sich tatsächlich. Nur so kann man die Leerheit wahrnehmen: Erscheinung/Leerheit, Töne/Leerheit. Sie sind gleichzeitig vorhanden. Alles in der Leerheit Erscheinende ist wirklich und unwirklich zugleich. Leerheit ist nicht wirklich leer im üblichen Sinne. Sie vibriert und manifestiert sich, und alles, was wir normalerweise wahrnehmen, ist diese Manifestation. Wir verfestigen sie, verfestigen uns selbst und verfestigen alles, was wir sehen. Das ganze wird zu einer Art Kampf oder zu einer Verführung und nimmt uns völlig gefangen.

Der vierte Kaya heißt Svabhavikakaya. Svabhavikakaya bedeutet, daß die vorherigen drei Kayas immer gleichzeitig auftreten. Sie sind nicht wirklich voneinander getrennt. Raum, Energie und Erscheinung treten immer zusammen auf.

Die Losung sagt: »Um Verwirrung [das Hinderliche, das Unerwünschte und Störende] als die vier Kayas anzusehen, ist Shunyata ein unübertrefflicher Schutz.« Shunyata ist ein Schutz, weil sie die Festigkeit der Gedanken durchschneidet, die alles, was wir tun – und uns selbst – gegenständlich und isoliert erscheinen lassen. Sie durchschneidet die Art, wie wir hier an dieser Stelle sind, und alles andere da drüben zu sein scheint.

Wie wir aus einigen der bereits besprochenen Losungen gelernt haben, ist Verwirrung ein Teil des Pfades. Wenn Verwirrung auftritt, ist sie saftig und gehaltvoll. Wenn wir auf ein Hindernis treffen, können wir viel lernen. Es ist eine unverzichtbare Zutat für das Praktizieren von Tonglen und die ganze Arbeit mit Lojong. Die Losung sagt jedoch, daß man angesichts von Hindernissen nicht nur Tonglen praktizieren und sich mit seinem Herzen verbinden sollte, sondern daß man auch die Nicht-Festigkeit der Phänomene jederzeit aufblitzen lassen kann. Mit anderen Worten: Man kann einfach loslassen, wie ein Blitz aus heiterem Himmel.

Ein Beispiel: Bei einem Meditationsretreat gibt es Nudeln zum Frühstück. Zuerst finden wir das vielleicht noch witzig, aber mittendrin ertappen wir uns dabei, daß wir – anstatt achtsam mit den Stäbchen zu essen und an die anderen Leute zu denken und die guten Anweisungen, die wir bekommen haben – Selbstgespräche darüber führen, wie schön es doch wäre, wenn wir jetzt ein Frühstück hätten, wie Mutter in Brooklyn es immer machte. Matzenklößchensuppe, Tortillas mit Bohnen oder Eier mit Speck, man möchte ein gutes Frühstück haben: gebratenen Speck, genau wie bei Mutter. Wir ärgern uns über die Nudeln.

Und dann, ohne daß wir uns besonders darum bemüht hätten, lassen wir einfach los. Und sind überrascht, was für eine große weite Welt sich uns auftut. Plötzlich sehen wir lauter kleine Lichter in der leeren Lackschüssel glitzern. Wir sehen Traurigkeit auf einem der Gesichter. Wir stellen fest, daß der Mann gegenüber genauso über das Frühstück denkt, denn er hat einen verärgerten Gesichtsausdruck. Das bringt uns zum Lachen, denn vor einer Sekunde ist es uns genauso gegangen.

Die Welt tut sich auf, und plötzlich sind wir mittendrin im Geschehen. Die Festigkeit der Gedanken wird durchlässig, und wir bekommen wie von selbst Zugang zum Raum – Shunyata – in uns selbst. Jeder hat die Fähigkeit, aus dem Drehbuch auszusteigen, sich selbst wachzurütteln.

Das ist eine ganz alltägliche Shunyataerfahrung. Aber es wird zu einer sehr fortgeschrittenen Praxis, wenn es uns auch dann gelingt, wenn uns gerade überhaupt nicht danach ist. Wenn alles total fest und penetrant ist und wir mitten im Selbstmitleid oder sonst etwas stecken und jemand in dem Moment zu uns sagt »Laß einfach los«, dann möchten wir ihm am liebsten die Nase platthauen, auch wenn er es noch so sanft, nett und einfühlsam gesagt hat. Wir möchten uns einfach bloß weiter in Mißmut und Selbstmitleid ergehen.

Das wesentliche bei der Lojong-Praxis ist, zu beginnen, wo man ist. Die Losung: »Gib jede Hoffnung auf Belohnung auf«, fordert ebenfalls dazu auf, da zu sein, wo man ist, bei seiner Taubheit, seinem Ärger oder was immer es auch ist. Beginne einfach, wo du bist. Und plötzlich merken wir, daß wir als Folge dieser Praxis diese Woche schon besser loslassen können als letzte Woche oder daß wir dieses Jahr schon besser loslassen können als letztes Jahr. Im Laufe der Zeit erkennen wir, daß wir immer besser spontan loslassen können.

Genauso ist es mit dem Mitgefühl. Jeder hat Mitgefühl. Wenn wir uns an bestimmte Dinge erinnern oder sie sehen, können wir unser Herz völlig problemlos öffnen. Dann wird von uns verlangt, Mitgefühl mit unseren Feinden zu haben, mit den Menschen, die wir wirklich hassen. Das ist fortgeschrittene Praxis. Doch als Folge der Lojong-Praxis, des Aufgebens jeder Hoffnung auf Erfolg und des Sich-Einlassens auf das, was wir gerade sind und was wir gerade empfinden, stellen wir fest, daß sich der Umfang des Mitgefühls erweitert und wir in immer schwierigeren Situationen Mitgefühl empfinden können.

Wir erlangen mehr Mitgefühl, weil wir das Bestreben haben, die Praxis auszuüben und uns mehr auf unseren eigenen Schmerz und unsere eigene Freude einzulassen. Anders gesagt: Wir möchten realer werden. Wir merken, daß wir nichts vortäuschen und nichts erzwingen können. Aber wir wissen, daß wir alles haben, was wir brauchen, um mit dem Zustand, in dem wir gerade sind, arbeiten zu können. Also fangen wir genau damit an, und sowohl unsere Fähigkeit loszulassen als auch unsere Fähigkeit, unser Herz zu öffnen, beginnen im Einklang miteinander zu wachsen.

»Um Verwirrung als die vier Kayas anzusehen, ist Shunyata ein unübertrefflicher Schutz« ist ein wirklicher Ansporn, nicht alles so schwer zu nehmen. Irgendwann schaffen wir es, den Gedanken, einfach loszulassen, immer parat zu haben, und können uns immer daran erinnern, wie es sich anfühlt, wenn man alles losgelassen hat – wie es ist, wenn die Welt sich auftut und wir entdecken, was außerhalb des kleinen egoverhafteten Kokons liegt.

Diese besondere Losung ist als Meditationsanweisung gedacht. Es heißt, daß man sie nur auf dem Kissen wirklich versteht. Im allgemeinen möchte ich jedoch jeden auffordern, das gesamte Lojong- und Tonglen-Wissen auch nach der formellen Meditation praktisch anzuwenden. Dann ist es nämlich am wirkungsvollsten. Wenn wir dann wieder unserer gewohnten Alltagsroutine nachgehen und etwas erleben, das uns zu Herzen geht, oder etwas fühlen, das uns erschreckt, empört oder ärgert, können wir an den Austausch von Geben und Nehmen denken und sofort mit Einatmen und Ausatmen beginnen. Das ist notwendig und hilfreich. Nach der Meditation erlebt man die Praxis als sehr echt, manchmal als sehr viel echter als im Meditationsraum.

Diese Losung über die vier Kayas verdeutlicht, daß es die Shamatha-Vipashyana-Praxis ist, die uns die Substanzlosigkeit aller Dinge erkennen läßt. Sie gehört zu dem Teil der Praxis, in dem wir »Denken« sagen. Wir sind völlig gefangen. Wir wandern im Geist nach New York, erleben das Frühstück noch mal, rufen ärgerliche und freudige Erlebnisse wieder wach, und plötzlich erwachen wir, ohne besondere Anstrengung. Wir wissen genau, daß das passiert, aber wir holen uns nicht selbst zurück. Es ist vielmehr so, daß wir es plötzlich merken und aufwachen. Und dann sollen wir »Denken« sagen.

Indem wir »Denken« sagen, beginnen wir anzuerkennen, daß das ganze Drama keinerlei Substanz hat, daß es aus dem Nichts entsteht, aber dennoch extrem echt wirkt. Auch wenn das Drehbuch entfällt, bleiben Energie und Bewegung übrig. Sie scheinen sich mit Bestimmtheit in Tischen, Stühlen, Menschen und Tieren zu manifestieren und völlig greifbar zu sein. Aber in dem Moment, wo wir »Denken« sagen, nehmen wir zur Kenntnis, daß sich das ganze Drama nur als Gedanke im eigenen Geist abspielt. Das ist Erkennen von Shunyata oder Leerheit. Jeder hat wahrscheinlich Momente, in denen er erfährt, wie befreiend das sein kann.

Wenn Gedanken entstehen, fragt man sich manchmal, woher sie eigentlich kommen. Woher *kommen* sie? Anscheinend kommen sie nirgendwo her. Wir folgen hingebungsvoll unserem Atem und rumms – plötzlich sind wir in Hawaii beim Surfen. Woher kommt das? Und wohin *geht* es? Ein großes Drama, ein Riesendrama läuft ab. Und es ist halbzehn Uhr morgens. »O je, o je! Das ist ganz schön hart.« Ein Auto hupt, und plötzlich sind wir nicht mehr in diesem Drama, sondern in einem anderen.

Ich habe mal die Anweisung bekommen, über Gedanken zu meditieren. Ich untersuchte das Wesen der Gedanken ganze zwei Monate lang und kann daher aus eigener Erfahrung sagen, daß man niemals einen Gedanken findet. Es läßt sich nichts Substantielles finden, aber in unserem Geist machen wir daraus einen Riesenzirkus.

Eine weitere Losung lautet: »Alle Tätigkeiten sollten mit einer Absicht ausgeführt werden.« Einatmen, Ausatmen, sich ärgern, glücklich sein, loslassen können, nicht loslassen können, Essen, Zähneputzen, Gehen und Sitzen – alles, was wir tun, sollte nur ein Ziel haben: aufwachen wollen, Mitgefühl reifen lassen und die Fähigkeit loszulassen entwickeln. Alles, was wir erleben, kann uns aufwecken oder auch einschlafen lassen, und es liegt an uns selbst, es zum Wachwerden zu nutzen.

11

Widerstände überwinden

Die heutige Losung lautet: »Die vier Übungen sind die besten Methoden.« Sie handelt von den vier Übungen, die uns helfen, sowohl relatives als auch absolutes Bodhicitta zu praktizieren: (1) Verdienste sammeln, (2) negatives Handeln bereinigen (normalerweise wird dies als Bekennen der negativen Handlungen bezeichnet), (3) die Geister füttern und (4) den Beschützern Opfer darbringen, was manchmal als »die Beschützer um Hilfe bei der Praxisausübung bitten« übersetzt wird.

Jede dieser vier Übungen geht direkt ans Eingemachte der unangenehmen Empfindungen, Emotionen und Situationen. Es wurde schon gesagt, daß der beste Schutz darin besteht, die leere und traumartige Qualität der Verwirrung zu erkennen. Während das Betrachten von Verwirrung als die vier Kayas auf der Ebene absoluten Bodhicittas stattfindet, geht es bei den vier Übungen um konkrete Handlungen, die man auf der relativen Ebene in Ritualen und Zeremonien ausführen kann. Egal, was man darüber sagt, das Problem besteht darin, Widerstände zu überwinden. Diese vier Übungen hätte auch Milarepa schon anwenden können, um die Dämonen aus seiner Höhle zu vertreiben. Die Pointe der Geschichte ist, daß die Dämonen in dem Moment verschwanden, als kein Widerstand mehr da war. Widerstand gegen unangenehme Umstände hat die Macht, diese Umstände sehr lange Zeit am Leben zu erhalten.

Verdienste sammeln. Die erste der vier Übungen besteht im Sammeln von Verdiensten. Verdienste sammeln wir, indem wir bereit sind, zu geben, uns zu öffnen und indem wir es vermeiden, etwas zurückzuhalten. Es wird als Aufgeben der Tendenz beschrieben, an sich selbst zu haften. Es bedeutet, das Anklammern ans Ego loszulassen. Statt Dinge für uns selbst zu sammeln, öffnen wir uns und geben sie weg.

Als Folge des Sich-Öffnens erscheint uns die Welt nach und nach freundlicher. Das ist Verdienst. Es fällt uns leichter, Dharma zu praktizieren, wir haben weniger Kleshas, und die Umstände erscheinen uns freundlicher. Vielleicht glauben wir, daß wir Umständen, in denen wir Dharma praktizieren können, begegnen können, indem wir unseren alten Gewohnheiten folgen. Aber der Grundgedanke hinter dem Sammeln von verdienstvollen Situationen ist, daß man sich öffnet, gibt und nichts zurückhält. Anstatt sich selbst in einen Kokon einzuschließen, anstatt sein Herz abzuschirmen, kann man sich öffnen und das Ganze sich auflösen lassen. So werden Verdienste gesammelt.

In buddhistischen Gesellschaften, etwa in Burma, Tibet und China, wird unter Sammeln von Verdiensten das Ausführen von guten Taten verstanden, zum Beispiel in Form von Spenden für den Bau von Klöstern oder Meditationszentren. Es ist eine wunderbare Sache, Förderer in Hong Kong oder Taiwan zu suchen, denn die Leute dort empfinden es als verdienstvoll, Geld für den Bau eines Klosters oder Meditationszentrums zu spenden. Wenn man für solch würdige Zwecke spendet und dies als Geste echter Großzügigkeit versteht – wenn man sich also nichts Bestimmtes als Gegengabe wünscht –, dann funktioniert es.

Wenn wir das Bodhisattvagelübde ablegen, machen wir ein Geschenk. In dem Moment, in dem wir das Geschenk machen, bekommen wir ein Zeichen dafür, daß wir das Gelübde abgelegt haben. Die Anweisung besagt, daß man etwas geben soll, das einem schwerfällt wegzugeben, etwas, dessen Verlust ein bißchen weh tut. Wenn man Geld gibt, sollte es ein wenig mehr sein, als man eigentlich zu geben bereit war.

All diese traditionellen Arten des Verdienstesammelns haben die Bedeutung, daß man sich völlig für die Situation öffnet und dabei etwas gibt. Es gibt eine damit zusammenhängende Formel, von der man sagt, sie sei der nachdrücklichste Ausdruck des Verdienstesammelns, weil sie das Loslassen von Hoffnung und Furcht thematisiert: »Wenn es besser für mich ist, krank zu sein, dann soll es geschehen. Wenn es besser für mich ist, gesund zu werden, dann soll es geschehen. Wenn es besser für mich ist zu sterben, dann soll es geschehen.« Eine andere Art, das auszudrücken, lautet: »Gewähre deine Wohltat, daß du mich, wenn ich krank sein soll, krank sein läßt. Gewähre deine Wohltat, daß du mich, wenn ich gesund werden soll, gesund werden läßt.« Es geht nicht darum, eine höhere Macht anzurufen, damit sie ihren Segen gibt, sondern einfach zu sagen: »Laß es geschehen, laß es geschehen.«

Hingabe, alles Besitzstreben aufgeben und völliges Nicht-Anhaften – das sind andere Ausdrücke für das Sammeln von Verdiensten. Es geht darum, sich mehr zu öffnen und sich weniger zuzumachen.

Schlechte Handlungen zugeben. Die zweite der vier Übungen besteht im Bekennen schlechter Handlungen oder darin, neurotisches Verhalten abzulegen. In buddhistischen Klöstern wird das zeremoniellerweise bei Neumond und bei Vollmond praktiziert. Das Ablegen neurotischen Verhaltens geschieht in vier Stufen: (1) Bereuen, was man getan hat; (2) Abstand davon nehmen, es wieder zu tun; (3) eine unterstützende Handlung ausführen, zum Beispiel das Vajrasattvamantra rezitieren, Zuflucht zu den drei Juwelen oder zu

Tonglen nehmen und (4) den bedingungslosen Vorsatz zum Ausdruck bringen, diesen vierfachen Prozeß in Zukunft fortzusetzen und nicht mehr neurotisch zu handeln. Die vierfache Formel zum Ablegen von Neurosen besteht also aus Bereuen, Abstand nehmen, Abhilfe und dem Vorsatz, es nicht wieder zu tun.

Auch wenn wir in eine schlimme Lage geraten, wissen wir, daß wir sie ändern können. Der wichtigste Rat besteht darin, daß es am besten ist, alles zuzugeben. Es geht nicht darum, jemandem etwas zu beichten, es ist vielmehr eine sehr persönliche Angelegenheit. Wir setzen uns selbst damit auseinander, was wir getan haben, und durchlaufen den vierfachen Prozeß. Auch vergibt uns niemand. Wir bekennen uns zu keinen Sünden. Wir haben nicht »gesündigt«, wie es uns in der jüdisch-christlichen Kultur beigebracht wurde, in der die meisten von uns aufgewachsen sind.

Neurose bedeutet, daß wir im unbegrenzten, zeitlosen Raum, mit dem wir immer in Verbindung sein sollten, einen Tunnelblick bekommen, uns in ein Zimmer einschließen und den Riegel vorschieben. Wenn soviel Raum da ist, warum behalten wir dann dunkle Sonnenbrillen auf, tragen Ohrstöpsel und legen eine Rüstung an?

Neurotisches Verhalten zuzugeben, ist ein vierfacher Prozeß, in dem wir lernen, unser Verhalten ehrlich zu betrachten, und Sehnsucht bekommen, die Sonnenbrille abzunehmen, die Ohrstöpsel herauszunehmen, die Rüstung abzulegen und die Welt ganz und gar zu erleben. Es ist eine weitere Methode, um loszulassen, sich mehr zu öffnen und weniger dichtzumachen.

1. Reue. Als erstes soll man Reue empfinden. Durch die Praxis entwickeln wir größere Aufmerksamkeit und achten mehr auf unser Verhalten. Dadurch wird es immer schwerer, sich selbst etwas vorzumachen. Das stellt sich als extrem po-

sitive Erfahrung heraus und befähigt uns, eine Neurose als Neurose zu erkennen – nicht als Verhängnis, sondern als etwas, das uns letztlich zugute kommt. Reue schließt ein, daß wir keine Lust mehr haben, uns zu panzern, daß wir genug davon haben, Gift zu schlucken, genug davon, immer andern Vorwürfe zu machen, wenn wir uns beleidigt fühlen, genug davon, stundenlange Selbstgespräche darüber zu führen, daß wir die Art, wie jemand anderes etwas macht, nicht ausstehen können, und genug von den ewigen Selbstvorwürfen. Niemand sonst braucht uns das Leben schwer zu machen. Niemand sonst muß es uns sagen. Allein dadurch, daß wir die Augen offenhalten, werden wir unserer Neurosen überdrüssig. Das ist die Grundbedeutung der Reue.

Jemand, der etwas getan hatte, das er wirklich bereute, kam zu seinem Lehrer und erzählte ihm alles. Der Lehrer sagte: »Es ist gut, daß du Reue empfindest. Du mußt dir bewußt machen, was du tust. Es ist viel besser, sich einzugestehen, daß man jemanden verletzt hat, als vor dieser Einsicht wegzulaufen. Aber du hast nur zwei Minuten Zeit zum Bereuen.« Das sollten wir uns ruhig merken, bevor wir mit irgendwelchen Selbstgeißelungen beginnen.

2. Abstand nehmen. Der zweite Aspekt beim Zugeben neurotischer Verhaltensweisen ist Abstandnehmen. Es ist schmerzhaft festzustellen, daß man trotz allem seine Neurose beibehält. Sie muß manchmal noch wie ein alter Schuh zu Ende getragen werden. Dennoch ist Abstandnehmen eine gute Hilfe, solange man nicht zu autoritär mit sich selbst umspringt. Abstandnehmen ist kein Neujahrsvorsatz und keine Einstellung, durch die wir unser nächstes Fehlverhalten schon vorprogrammieren, indem wir sagen: »Ich sehe meinen Fehler ein und werde es nie mehr tun.« Und uns dann schlecht fühlen, weil wir eine halbe Stunde später schon wieder dasselbe tun.

Abstandnehmen kommt von allein, wenn man sein eigenes neurotisches Verhalten durchschaut hat. Wir sagen uns vielleicht »Es wäre immer noch ein schönes Gefühl und würde immer noch Spaß machen«, aber wir nehmen Abstand, weil wir die Kettenreaktion des Elends schon sehr gut kennen, die dadurch ausgelöst wird. Der erste Bissen, das erste Glas oder das erste barsche Wort geben uns zwar ein angenehmes Gefühl, aber dann folgt eine Kettenreaktion des Elends, die wir nicht einmal, sondern schon fünftausendmal erlebt haben. Daher ist Abstandnehmen etwas ganz Natürliches, das darauf beruht, daß jeder Mensch eine ursprüngliche Weisheit in sich trägt. Es ist wichtig, daran zu denken, daß Abstandnehmen nichts Strenges ist und nichts damit zu tun hat, sich selbst anzuschreien oder sich etwas abzuverlangen, das man nicht will. Es ist sehr sanft, höchstens, daß man sich sagt: »Eines Tages …«

3. Unterstützung. Der dritte Aspekt beim Bekennen neurotischen Verhaltens besteht in unterstützenden Handlungen. Wir sollten etwas tun, um die ganze Sache zu fördern, eine Praxis ausführen, die die Saat der Weisheit gießt und ihr die Feuchtigkeit gibt, die sie zum Wachstum braucht. Neurosen als Neurosen zu erkennen, Reue und den Willen zur Veränderung zu entwickeln und dann eine Praxis auszuführen, hilft, die ganze Situation zu klären und zu reinigen. Die traditionelle Praxis besteht im Zufluchtnehmen zu den drei Juwelen – Buddha, Dharma und Sangha.

Zuflucht zum Buddha zu nehmen, bedeutet, Zuflucht zu jemandem zu nehmen, der das Festhalten losgelassen hat, genau, wie wir es auch tun können. Zuflucht zum Dharma zu nehmen, bedeutet, Zuflucht zu den Lehren zu nehmen, die Mut machen und die uns allen innewohnende Fähigkeit fördern, das Festhalten loszulassen. Zuflucht zur Sangha zu nehmen, bedeutet, Zuflucht zu einer Gemeinschaft von

Menschen zu nehmen, die gemeinsam danach streben, loszulassen und sich zu öffnen, statt sich zuzumachen. Die Unterstützung, die Praktizierende sich gegenseitig geben, ist anders als gewöhnliche Formen von Unterstützung im Samsara. Im Samsara gehört man einem Team an und beklagt sich über andere. Hier ist man mehr auf sich selbst angewiesen, ganz allein auf sich selbst, aber es ist gut zu wissen, daß es noch vierzig Leute gibt, die das auch ganz allein durchmachen müssen. Das unterstützt uns und macht uns Mut. Grundsätzlich ist es so, daß wir alles allein machen müssen, obwohl uns andere dabei helfen. Und das bedeutet, daß wir daran wachsen, statt abhängig zu werden.

4. Vorsatz. Der vierte Aspekt beim Ablegen schlechter Verhaltensweisen ist der feste Vorsatz, es nicht wieder zu tun. Auch das kann tückisch werden, wenn man es falsch versteht. Es geht darum, nicht grob mit sich umzugehen. Wir sollten aufpassen, daß wir uns nicht in einem autoritären Tonfall innerlich anbrüllen, daß wir geteert und gefedert würden, wenn wir es noch mal tun.

Alle vier Aspekte beruhen auf dem Vertrauen in die grundlegende Gutheit. Alle vier entstehen aus Zärtlichkeit sich selbst gegenüber, weil Wertschätzung immer schon vorhanden ist. Wir können unsere Neurose bereuen und uns öffnen. Wir können davon Abstand nehmen, es noch einmal zu tun, weil wir uns nicht mehr selbst schaden wollen. Wir können praktizieren, weil wir grundlegenden Respekt vor uns selbst haben und uns für das Verhalten entscheiden, das Vertrauen und Kriegerschaft stärkt, und das Verhalten ablegen, durch das wir uns schäbig und allein fühlen. Darum bedeutet der Vorsatz, es nicht wieder zu tun, schließlich die vollständige Hingabe, die letzte Stufe eines vierfachen Prozesses des Sich-Öffnens.

Die Geister füttern. Bis jetzt habe ich zwei der Praktiken aus »Die vier Übungen sind die besten Methoden« beschrieben: Verdienste sammeln und Zugeben von neurotischem Fehlverhalten oder die Bereinigung neurotischer Strukturen durch den vierfachen Prozeß. Die dritte Praxis besteht darin, die Geister zu füttern. Das bedeutet, sich mit seiner eigenen Unvernunft auseinanderzusetzen. Wir setzen uns mit ihr auseinander, indem wir eine Beziehung zu ihr aufbauen. In der Tradition macht man einen *Torma* – einen kleinen Kuchen – und opfert ihn. Egal, ob man ihn während einer Zeremonie opfert oder ihn jeden Morgen auslegt: Worauf es dabei ankommt, ist, daß man den Geistern, den negativen Aspekten seiner selbst, etwas Materielles opfert.

Als Trungpa Rinpoche über das Füttern der Geister sprach, sprach er über Unvernunft, die plötzlich aus dem Nirgendwo auftaucht. Aus heiterem Himmel werden wir plötzlich unerträglich traurig. Aus heiterem Himmel geraten wir plötzlich in Raserei und wollen alles kurz und klein schlagen. Er sagte: »Die Fäuste sind auf den Augen der Frauen.« Was für ein Bild! Ohne Vorwarnung taucht Unvernunft aus dem Nirgendwo auf und ist da. Häufig passiert uns das morgens direkt nach dem Aufwachen, und wir sind den ganzen Tag gereizt und ungenießbar. Mit Traurigkeit und Leidenschaft ist es dasselbe.

Plötzliche Unvernunft, die aus dem Nirgendwo kommt, wird *Dön* genannt. Sie weckt uns auf, und wir sollten dies so positiv wie möglich aufnehmen, statt zu versuchen, uns das Problem vom Hals zu schaffen. Daher geben wir in einer symbolischen Geste Dön einen Kuchen. Im Innern wissen wir, welche Macht Dön hat, aber wenn Dön auftaucht, nehmen wir Abstand davon, jemanden damit zu belasten, es auszuagieren. Wir nehmen auch Abstand davon, es zu unterdrücken. Wieder gehen wir den mittleren Weg und lassen uns auf uns selbst ein, als jemand, der gerade die ganze Macht von Dön erfährt. Einfach dabei zu sein, wenn es geschieht, hat reinigende Kraft. Es ist hundertprozentige Achtsamkeit.

Genauso, wie man Verdienste sammelt, indem man sich jenseits von Hoffnung und Furcht begibt und sagt »Laß es geschehen«, genauso ist es auch mit Dön. Auch hier geht es um dieses: »Laß es geschehen.« Es gibt sogar eine Rezitation, die lautet: »Nicht nur will ich nicht, daß du gehst, sondern du kannst auch zurückkehren, wann du möchtest. Und hier – nimm ein bißchen Kuchen.«

Ich bin ziemlich erschrocken, als ich das las. Der Kommentar besagt, daß man Dön zur Wiederkehr einlädt, weil es einen darauf aufmerksam macht, daß man seine Achtsamkeit verloren hat. Wir laden Dön ein, weil es uns darauf hinweist, daß wir abwesend sind. Dön weckt uns auf. Solange wir achtsam sind, taucht Dön nicht auf. Aber es ist wie ein Schnupfenbazillus oder ein Virus. Kaum tut sich eine schwache Stelle auf, und schon ist es eingedrungen. Dön nimmt die Einladung so lange nicht an, wie wir wach und offen sind, aber sobald wir anfangen, uns zu verschließen, nimmt es die Einladung freudig an und kommt zum Kuchenessen vorbei. Das nennt man die Geister füttern.

Den Beschützern Opfer darbringen. Die vierte Praxis besteht darin, den Beschützern Opfer darzubringen oder die Beschützer zu bitten, einem bei der Praxisausübung zu helfen. Die Beschützer beschützen die Grundlage der Erleuchtung. Sie schützen die den Menschen innewohnende Weisheit und das Mitgefühl. Auf *Thangkas* – tibetischen Rollbildern – werden sie als grimmige Gestalten mit großen Zähnen, Klauen und Halsketten aus Menschenschädeln dargestellt, und Flammen lodern aus ihnen. Die Beschützer schützen gegen Lieblosigkeit, Mangel an Weisheit, Roheit, Kleingeistigkeit und Wahnsinn aller Art. Sie sehen so grimmig aus, weil sie auf diesen ganzen Blödsinn nicht hereinfallen. Und wer ist das, der auf diesen Blödsinn nicht hereinfällt? In Wirklichkeit ist es unsere eigene Weisheit.

Die ganze Losung steht für die Lehre, Wertschätzung für das gewaltige *Nein* zu entwickeln. Auch das beruht auf Respekt und liebevoller Güte sich selbst gegenüber, und das bedeutet: Vertrauen in die eigene grundliegende Gutheit. Wenn wir anfangen, zuzumachen und uns abzuschotten, taucht plötzlich etwas auf, das im Prinzip das gewaltige Nein ist. Es ist nichts Autoritäres in dem Sinn, daß jemand darauf aus ist, uns zu bestrafen. Es ist die natürliche Regung, nicht in neurotischen Blödsinn abzudriften.

Wenn Wut oder ein anderes Klesha auftaucht, ist seine Grundenergie zunächst kraftvoll, rein und scharf und vermag jede Neurose zu zertrennen. Aber wir setzen uns dieser reinen Energie in der Regel nicht lange genug aus. Normalerweise weichen wir in einen Zustand aus, den man negative Negativität nennt und der aus Kleingeistigkeit, Verstimmtheit und selbstgerechtem Empörtsein besteht. In diesem Moment erhebt der Aspekt des Geistes, der die grundlegende Weisheit beschützt, sein flammendes Haupt und sagt *Nein*. Dem gewaltigen Nein Wertschätzung entgegenzubringen, lernt man, indem man Mitgefühl mit sich selbst entwickelt. Das hat sehr viel Ähnlichkeit mit Bereuen, Abstandnehmen, Zuflucht zu den drei Juwelen nehmen und dem Vorsatz, es nicht mehr zu tun.

Angenommen, wir sind völlig aus dem Häuschen, schreien Leute an, sie schreien zurück, ein Riesenstreit ist im Gange, wir rennen zur Tür hinaus und klemmen uns dabei den Finger ein. Das ist die Essenz des Beschützerprinzips. Es weckt uns auf. Die äußere Praxis besteht darin, den Beschützern und damit dem Weisheitsprinzip zu opfern. Die innere Bedeutung ist, dieses Prinzip dazu einzuladen, in unserem Sein lebendig und unversehrt anwesend zu sein. Wir sind bereit, zu praktizieren und etwas für die Fähigkeit zu tun, mit der wir erkennen, wann wir wach sind und wann wir einschlafen, und mit der wir uns selbst in die Wachheit des gegenwärtigen Augenblicks zurückbringen.

In den Lojong-Lehren geht es darum, daß man unerwünschte Umstände am besten als Pfad der Erleuchtung nützt, wenn man sich nicht widersetzt, sondern sich hineinkniet. Es geht darum, sich auf die Emotionen einzulassen und Mitgefühl für die unangenehmen Aspekte seiner selbst zu entwickeln, die Aspekte, die man für sündhaft oder böse hält. Das ist das saftige Rohmaterial, mit dem man daran arbeiten kann, sich selbst zu erwecken. Von allen Methoden sind die vier Übungen die besten, um Widerstände zu überwinden und Widrigkeiten in den Pfad der Erleuchtung zu verwandeln.

12

Leeres Boot

Ich hatte ein Gespräch mit einer Frau, die sagte, daß sie nicht mehr meditieren könne. Es ginge einfach nicht mehr, weil sie in einer echten Lebenskrise stecken würde. In der Meditation, so wie wir sie durchführen, versuchen wir mit der sehr hilfreichen Erkenntnis zu arbeiten, daß echte Lebenskrisen Material zum Erwachen sind und keinen Grund darstellen, es nicht weiter zu versuchen. Das sollten wir uns merken.

Die heutige Losung lautet: »Was immer dir unerwartet begegnet, verbinde es sogleich mit Meditation.« Das ist eine sehr interessante Aufforderung. Die Losungen weisen darauf hin, daß man Bodhicitta durch alles erwecken kann, und daß nichts eine Unterbrechung darstellt. Die heutige Losung zeigt, wie die Unterbrechungen selbst uns erwecken und wie Überraschungen, unvorhergesehene Ereignisse und Blitze aus heiterem Himmel uns sowohl zur Erfahrung absoluten als auch relativen Bodhicittas erwecken können, zur Erfahrung der offenen und weiträumigen Qualität des Geistes und der Wärme des Herzens.

Diese Losung behandelt Überraschungen als Geschenke. Egal, ob es sich um angenehme oder unangenehme Überraschungen handelt, worauf es dabei ankommt, ist, daß sie unseren Geist stillstehen lassen können. Es ist, als ob wir spazierengehen, und plötzlich knallt uns von der Seite her ein Schneeball gegen den Kopf. Das läßt den Geist stillstehen.

Bei der Losung »Ruhe in der Natur von Alaya, der Essenz« geht es genau um diese Erfahrung. Normalerweise ist diese Losung für die Meditation auf dem Kissen gedacht. Dann kann man den Geist in seinem natürlichen und unbeeinflußten Zustand ruhen lassen. Aber in Wirklichkeit passiert dasselbe, wenn einem der Boden unter den Füßen weggezogen wird: Ohne die geringste eigene Anstrengung findet sich der Geist in der Natur von Alaya ruhend wieder.

Einmal fuhr ich in einem Auto mit, als es von hinten laut hupte. Der hinter uns fahrende Wagen wurde schneller, und als er neben uns her fuhr, sah ich, daß der Fahrer knallrot im Gesicht war und mir mit der Faust drohte. Mein Fenster war heruntergekurbelt und seins auch. Er brüllte: »Such dir eine Arbeit!« So etwas läßt meinen Geist stillstehen.

Die Anweisung lautet, daß man, wenn etwas einem den Geist stillstehen läßt, den Moment, wo sich der Spalt auftut, den Moment der großen Weite und des totalen Erstaunens einfängt und ein wenig länger darin verweilt, als man es normalerweise tun würde.

Interessanterweise ist das auch die Anweisung zum Sterben. Der Augenblick des Todes ist anscheinend eine große Überraschung. Vielleicht hat jemand schon einmal davon gehört, daß man im Moment des Todes im Zustand des *Samadhi* (der meditativen Versenkung) bleibt. Das bedeutet, daß man seinen Geist in der Natur von Alaya ruhen lassen kann. Man kann offen bleiben und sich mit der frischen, unverfälschten Qualität seines Geistes verbinden, die einem im Moment des Todes gegeben ist. Aber sie ist uns auch an jedem Tag des Lebens gegeben! Dieses Geschenk wird uns durch die unvorhergesehenen Umstände gegeben, um die es in dieser Losung geht.

Wenn sich der Spalt geschlossen hat, und wir wieder in unsere gewohnten Selbstgespräche verfallen – »So ein widerlicher Kerl« oder »Ach wie wunderbar, daß dieser Mensch es mir ermöglicht hat, meinen Geist in der Natur von Alaya ruhen zu lassen« –, sollten wir uns fangen, indem wir Tonglen praktizieren. Wenn wir in Wut, Verstimmtheit oder ein anderes der noch unliebsameren »negativen« Gefühle abzudriften drohen, wirklich aus der Fassung geraten und so weiter, sollten wir uns an Tonglen und die Lojong-Logik erinnern, einatmen und Kontakt zu unseren Gefühlen aufnehmen. Steig aus dem Drehbuch aus und nimm Kontakt auf. Wenn wir ein Selbstgespräch darüber anfangen, was für ein wunderbares Erlebnis wir doch gerade hatten, dann sollten wir uns an Tonglen erinnern, dieses Glücksgefühl loslassen und es mit anderen teilen.

Normalerweise sind wir so in uns selbst verstrickt und kleben so sehr an uns selbst fest, daß wir eine Dampfwalze brauchen, die uns umhaut, damit wir wach werden und unser Geist zum Stillstand kommt. Aber wenn wir praktizieren, dann ist dafür manchmal nur der Wind nötig, der sich in den Vorhängen fängt. Die Überraschung kann etwas sehr Sanftes sein, nur eine Verlagerung der Aufmerksamkeit. Etwas fällt uns ins Auge, die Aufmerksamkeit verlagert sich, und wir können unseren Geist in der Natur von Alaya ruhen lassen. Wenn wir wieder mit Selbstgesprächen anfangen, können wir Tonglen praktizieren.

Die Überraschung äußert sich auf angenehme und unangenehme Weise – aber das spielt keine wirkliche Rolle. Worauf es ankommt, ist, daß sie aus heiterem Himmel kommt. Wir gehen zum Beispiel eine Straße entlang und haben den totalen Tunnelblick – führen Selbstgespräche – und nehmen überhaupt nichts wahr, und doch kann schon das Krächzen eines Raben uns aus unseren Tagträumereien aufwecken, die oft sehr zäh und voller Groll sind. Irgend etwas läßt sie einfach zerplatzen. Ein Auto hat eine Fehlzündung, wir schauen einen Moment lang auf, sehen den Himmel, die Gesichter der Menschen, den Verkehr und die Bäume. Egal, was da passiert, plötzlich nehmen wir die große weite Welt jenseits des Tunnelblicks wahr.

Ich hatte ein interessantes Erlebnis mit einer derartigen Überraschung während eines Retreats. Es war eine sehr starke Shunyata-Erfahrung, eine Erfahrung der vollkommenen Leerheit aller Dinge. Meine Abendpraxis war gerade zu Ende. Ich hatte den ganzen Tag lang praktiziert, und man sollte meinen, ich sei in einer ruhigen und klaren Geistesverfassung gewesen. Aber als ich aus meinem Zimmer kam und den Flur entlangging, sah ich, daß jemand in der Küche benutztes Geschirr stehengelassen hatte. Ich wurde richtig wütend.

Bei diesem Retreat hatten wir beschlossen, unsere Namen auf das Geschirr zu schreiben. Jeder hatte einen Teller, eine Schale, einen Becher, ein Messer, eine Gabel und einen Löffel, und auf jedem Teil stand sein Name. Also ging ich weiter und versuchte zu erkennen, wessen Name auf dem Geschirr stand. Ich war mir schon ziemlich sicher, wessen Name draufstehen würde, weil es nur eine Frau in unserer Gruppe aus acht Personen gab, die eine solche Unordnung hinterlassen konnte. Sie ließ ständig irgendwelche Sachen herumliegen, damit andere sie aufräumen sollten. Wer, glaubte sie, sollte das Geschirr spülen? Ihre Mutter? Ich steigerte mich so richtig hoch und dachte: »Ich kenne sie schon ziemlich lange, und jeder denkt, daß sie in der Praxis schon ziemlich weit ist, aber im Grunde könnte sie genausogut überhaupt keine Meditationserfahrung haben, wenn man sich anschaut, wie rücksichtslos sie sich allen anderen Bewohnern dieses Planeten gegenüber aufführt.«

Ich schaute auf den Teller, und der Name, der darauf stand, lautete »Pema«, der Name auf dem Becher war »Pema«, der Name auf der Gabel war »Pema«, und der Name auf dem Messer war »Pema«. Es war alles von mir! Ich brauche wohl nicht zu sagen, daß mein Wut- und Vorwurfstrip ernsthaft durchkreuzt wurde. Außerdem ließ dieses Erlebnis meinen Geist stillstehen.

Es gibt eine Zen-Geschichte, in der ein Mann in der Dämmerung allein in einem Boot auf dem Fluß sitzt. Er sieht ein anderes Boot den Fluß herab auf sich zufahren. Zuerst findet er es schön, daß jemand anderes ebenso wie er den schönen Sommerabend auf dem Fluß genießt. Doch dann bemerkt er, daß das andere Boot genau auf ihn zusteuert und immer schneller wird. Er verliert die Fassung und schreit »Heh, heh, aufpassen! Beim heiligen Petrus, abdrehen!« Aber das Boot wird immer schneller und hält genau auf ihn zu. Der Mann springt in seinem Boot auf, steht da, schreit und schüttelt die Faust. Dann erreicht ihn das Boot und rammt seines. Er sieht, daß das Boot leer ist.

Dies ist die klassische Beschreibung unserer ganzen Lebenssituation. Es gibt sehr viele leere Boote da draußen, die wir permanent anschreien und denen wir mit Fäusten drohen. Statt dessen könnten wir zulassen, daß sie uns den Geist zum Stillstand bringen. Auch wenn sie den Geist nur für eine Zehntelsekunde anhalten, können wir uns in diesem kleinen Spalt aufhalten. Wenn wir wieder im Drehbuch sind, können wir die Tonglen-Praxis üben, die darin besteht, sich selbst und die anderen zu vertauschen. Auf diese Weise entfaltet alles, was uns zustößt oder begegnet, sein Potential, mit dem es uns hilft, Mitgefühl zu kultivieren und wieder Kontakt mit der weiträumigen und offenen Qualität des Geistes aufzunehmen.

13

Lehren für Leben und Tod

In zwei der Losungen geht es um die fünf Kräfte. »Übe die fünf Kräfte, die Essenz der Herzunterweisungen« und »Die Mahayana-Anweisungen für das Ausschleudern des Bewußtseins im Moment des Todes sind die fünf Kräfte: Wichtig ist, wie man sich verhält.«

All diesen Studien und der ganzen Praxis liegt die Erkenntnis zugrunde, daß das Glück, das wir suchen, immer vorhanden und jederzeit erreichbar ist. Das Glück, das wir suchen, ist uns in die Wiege gelegt. Um es zu entdecken, müssen wir sanfter und mitfühlender uns selbst und dem eigenen Universum gegenüber werden. Das Glück, das wir suchen, können wir nicht einfangen, indem wir versuchen, irgend etwas festzuhalten. Wir finden es nicht, indem wir ernst und verkrampft Dingen hinterherjagen, von denen wir meinen, sie brächten uns das Glück. Wir zäumen das Pferd immer vom falschen Ende her auf. Tatsache ist, daß das Glück immer schon da ist, und daß man es durch Unverkrampftheit und Loslassen findet und nicht durch verbissenes Kämpfen.

Bedeutet das, daß man den ganzen Tag verpennen kann? Bedeutet das, daß man nichts zu tun braucht? Die Antwort lautet: Nein. Es scheint doch etwas zu geben, das man tun muß. Die Losungen fordern uns zum Praktizieren der fünf Kräfte auf: feste Entschlossenheit, Gewöhnung, Samen der Tugend, Anklage, Hoffnung. Die fünf Kräfte sind eine Quelle der Inspiration für den Glauben daran, daß wir alles, was wir brauchen, bereits in unseren Händen halten.

Das sind die essentiellen Anweisungen für Leben und Sterben. Letztes Jahr verbrachte ich einige Zeit mit zwei

Menschen, die kurz davor waren zu sterben. Jack und Jill waren alte Freunde von mir. Sie hatten ein sehr unterschiedliches Verhältnis zu ihrem Tod. Beide hatten das Privileg, schon einige Monate vorher zu wissen, daß sie sterben würden, was ein großes Geschenk ist. Beide begannen zu verfallen. Als Jack merkte, daß sich die Dinge von ihm entfernten und sein Körper immer schlechter funktionierte, war er zunächst wütend, aber dann ging eine Veränderung in ihm vor, und er begann, sich zu entspannen. Als ganz deutlich wurde, daß alles sich auflöste und verschwand, wurde er immer glücklicher. Man hatte das Gefühl, daß er dabei war, alles loszulassen, was ihn von seiner grundlegenden Gutheit getrennt hatte, und daß er jetzt alles losließ. Er sagte Dinge wie: »Es gibt nichts zu tun und nichts zu wollen« und lachte dabei. Jeden Tag verfiel er mehr, aber das war kein wirkliches Problem. Dieser Auflösungsprozeß war für ihn etwas sehr Befreiendes.

Die äußeren Umstände waren für Jill genauso. Aber sie geriet in Panik und kämpfte gegen den ganzen Vorgang an. Als ihr Körper verfiel und nicht mehr viel übrig war, woran sie sich noch klammern konnte, wurde sie noch wütender und verängstigter, biß die Zähne zusammen und rang die Hände. Sie stand vor einem gewaltigen Abgrund und wurde in ihn hineingestoßen. In höchster Not schrie sie: »Nein! Nein! Nein!«

Mir wurde klar, warum ich praktiziere. Es ermöglicht uns schon zu Lebzeiten, den Vorgang des Entspannens und Loslassens kennenzulernen. Genau so sollen wir unser Leben leben: indem wir aufhören, dagegen anzukämpfen, daß uns alles durch die Finger rinnt. Indem wir aufhören, dagegen anzukämpfen, daß nichts fest genug ist, um sich darauf zu verlassen, und daß alles vergeht. Wenn wir das wissen, gewinnen wir viel Raum und viel Weite, aber nur, indem wir uns entspannen und darauf einlassen und nicht, indem wir schreien und dagegen ankämpfen.

Die fünf Kräfte sind Anweisungen, wie wir leben und wie wir sterben sollen. Es gibt keinen wirklichen Unterschied zwischen Leben und Sterben. Zu beiden paßt derselbe gute Rat, denn wenn wir wissen, wie man stirbt, wissen wir auch, wie man lebt und wenn wir wissen, wie man lebt, dann wissen wir auch, wie man stirbt. Suzuki Roshi sagt: »Sei bereit, immer und immer wieder zu sterben.« Mach jeden ausströmenden Atem zum Ende des gegenwärtigen Augenblicks und zum Beginn von etwas Neuem. Nimm alle auftauchenden Gedanken einfach hin, laß sie los, vergiß das ganze Drehbuch, laß Raum für etwas Neues entstehen. Die fünf Kräfte sind Hinweise, wie man aufhört, ständig das Ungreifbare festhalten zu wollen, und wie man sich wirklich in den zur Verfügung stehenden Raum fallenlassen kann. Und was finden wir dort? Vielleicht ist dies das Entscheidende: Wir haben Angst, es herauszufinden.

Feste Entschlossenheit. Die erste Kraft ist feste Entschlossenheit. Dabei geht es nicht um verbissenes Sich-Durchboxen, sondern darum, sich auf Freude, Entspannung und Vertrauen einzulassen. Es ist die Entschlossenheit, jede Herausforderung, die uns begegnet, als Gelegenheit zu nutzen, um das Herz zu öffnen und sich weich zu machen. Es ist die Entschlossenheit, keinen Widerstand zu leisten. Diese Kraft läßt sich leicht entwickeln, wenn man sich einen herzhaften spirituellen Appetit zulegt. Aber dazu muß man ein bißchen wie ein Glücksspieler denken. Wenn man morgens aufwacht, sagt man sich zum Beispiel: »Mal sehen, was heute passiert. Vielleicht sterbe ich heute. Vielleicht verstehe ich heute, worum es in den ganzen Lehren geht.« Die nordamerikanischen Indianer sagten: »Heute ist ein guter Tag zum Sterben«, bevor sie in die Schlacht zogen. Man könnte genausogut sagen: »Heute ist ein guter Tag zum Leben.«

Feste Entschlossenheit ist das Hilfsmittel, um selbst herauszufinden, daß man schon alles hat, was man braucht, und daß das grundlegende Glück schon da ist und wartet. Zur festen Entschlossenheit, vor nichts sein Herz zu verschließen und sich nicht zuzumachen, gehört Humor und ein kräftiger Appetit auf Erleuchtung.

Gewöhnung. Die nächste Kraft ist Gewöhnung. Gewöhnung bedeutet, daß Dharma uns nicht mehr fremd vorkommt. Wir beginnen, dharmisch zu denken. Wir begreifen allmählich, daß alle Lehren von uns selbst handeln und daß es darum geht, etwas über sich selbst herauszufinden. Dharma ist keine Philosophie. Dharma ist im Grunde ein gutes Rezept, wie man aus sich selbst eine gute Mahlzeit herstellt und wie man das zäheste Fleisch zart macht. Dharma ist eine gute Anleitung dafür, wie man aufhört, sich selbst zu betrügen und zu berauben, und wie man herausfinden kann, wer man wirklich ist. Nicht in dem eingeengten Sinn von »Ich brauche« oder »Ich werde das und das bekommen«, sondern dadurch, daß man Wachheit als persönliche Eigenschaft entwickelt, als persönliche Art und Weise der Wahrnehmung.

Wir sprechen über Erleuchtung, als wäre sie die endgültige Vollkommenheit. Erleuchtung hat jedoch etwas damit zu tun, sich zu entspannen und herauszufinden, was man schon hat. Der erleuchtete »Jemand« unterscheidet sich vielleicht ein wenig von dem »Jemand«, an den wir gewöhnt sind, aber es wachsen immer noch Haare auf seinem Kopf, er hat immer noch Geschmacksnerven, und bei Schnupfen läuft ihm nach wie vor die Nase. Aber wenn man erleuchtet ist, nimmt man sich selbst vielleicht nicht ganz so klaustrophobisch wahr, vielleicht sogar überhaupt nicht klaustrophobisch.

Gewöhnung heißt, nicht länger suchen zu müssen und es auch zu wissen. Es liegt alles in der »Schönheit des Augenblicks«, in den diskursiven Gedanken, die wir gerade denken, und in allen Emotionen, die durch uns hindurchziehen.

Samen der Tugend. Die dritte Kraft wird Samen der Tugend genannt. Sie ist letzten Endes dasselbe wie die Buddhanatur oder die grundlegende Gutheit. Sie ist wie ein Schwimmbecken ohne Seitenwände, in dem man endlos schwimmen kann. In Wirklichkeit bestehen wir selbst aus Wasser. Die Buddhanatur ist kein Herztransplantat, das wir uns beliebig einpflanzen können. »Es ist nicht so, als würde man versuchen, einem Baum das Sprechen beizubringen«, hat Rinpoche einmal gesagt. Die Buddhanatur ist etwas, das wir aufwecken können, in das hinein wir uns sozusagen entspannen können. Laß dich zerfallen. In die Wachheit. Die Kraft beruht darauf, daß der Same schon existiert. Wärme und Feuchtigkeit lassen ihn keimen, und er kommt aus dem Boden ans Tageslicht. Man kommt sich vielleicht wie ein Maiglöckchen vor, aber das macht nichts. Bei der Praxis kommt es darauf an, weich zu werden oder sich zu entspannen, aber es geht auch um Genauigkeit und Klarsicht. Das alles hat nichts mit Suchen zu tun. Die Suche nach dem Glück hindert uns daran, es jemals zu finden.

Anklage. Die vierte Kraft heißt Anklage. Hier geht es darum, zu sich selbst zu sagen: »Ego, du hast mir seit ewigen Zeiten nur Probleme gemacht. Gönne mir mal eine Atempause. Ich mache das nicht länger mit.« Wir können das zum Beispiel morgens im Bad ausprobieren und auch sonst jederzeit völlig ungeniert zu uns selbst sprechen. Wenn wir merken, daß wir dabei zu leichtfertig werden, sagen wir zu uns selbst: »Halt die Klappe, du Nervensäge!«

Vielleicht ist das ein wenig problematisch, weil wir normalerweise keinen Unterschied machen zwischen dem, der wir zu sein glauben, und unserem Ego. Je mehr Feingefühl wir aufbringen und je freundlicher wir mit uns selbst umgehen, desto fruchtbarer ist dieser Dialog. Wenn wir jedoch zu hart mit uns selbst umgehen, artet dieser Dialog in fruchtlose Selbstkritik aus.

Viele Jahre lang haben mir wunderbare Lehrer dabei geholfen, herauszufinden, daß es besser ist, sich selbst den Dharma zu lehren, als sich selbst zu beschuldigen oder anzubrüllen. Anklage muß keine negative Reaktion auf die eigenen Fehler sein. Sie muß vielmehr bedeuten, daß man Fehler als Fehler, Neurosen als Neurosen und Entgleisungen als Entgleisungen erkennt. In dem Moment kann man sich selbst den Dharma lehren.

Diesen Rat habe ich von Thrangu Rinpoche. Ich litt unter Angstzuständen, und er riet mir, mich selbst den Dharma zu lehren. Einfachen guten Dharma. Also sage ich mir jetzt immer: »Pema, was willst du eigentlich? Willst du dich wirklich abschotten und dichtmachen, willst du eingesperrt bleiben? Oder willst du dich jetzt entspannen und dich sterben lassen? Hier ist jetzt deine Chance, etwas zu lernen. Hier ist deine Chance, nicht hängenzubleiben. Also, was willst du wirklich? Willst du immer recht behalten oder willst du wach werden?«

Anklage kann sehr wirksam sein. Wir bringen uns selbst den Dharma bei, in unseren eigenen Worten. Wir können uns selbst die vier edlen Wahrheiten lehren, wir können uns das Zufluchtnehmen lehren. Wir können uns *alles* lehren, was zu dem Moment paßt, in dem wir gerade dabei sind, Samsara neu zu erschaffen, als ob wir es selbst erfunden hätten. Wir sollten nach vorn schauen und uns fragen, worauf wir unser restliches Leben aufbauen möchten.

Jedesmal, wenn wir bereit sind, unsere Gedanken als leer zu betrachten, wenn wir sie loslassen und uns auf unsere Atmung konzentrieren, säen wir Samen der Wachheit, Samen der Fähigkeit, die Natur des Geistes zu erkennen, und Samen der Fähigkeit, im bedingungslosen Raum zu sein. Es ist nicht schlimm, daß wir es nicht immer können. Der bloße Wille und der feste Entschluß säen die Samen der Tugend. Es wird spontaner und natürlicher, wenn man es ohne Anstrengung erreicht. Am Anfang ist es mit Anstrengung verbunden, später wird es zum Normalzustand. Das ist der Samen, aus dem Bodhicitta erwächst. Wir erkennen, wer wir wirklich sind.

Hoffnung. Auch die letzte Kraft, Hoffnung, ist ein mächtiges Werkzeug. Tiefempfundene Hoffnung durchschneidet eine negative Einstellung zu sich selbst. Sie durchschneidet die ganze Selbstzerfleischung. Hoffnung bedeutet einfach, den Wunsch nach Erleuchtung auszusprechen. Wir sagen zu uns selbst, für uns selbst, über uns selbst und aus uns selbst heraus Dinge wie: »Hoffentlich nimmt mein Mitgefühl mit mir selbst zu.« Wenn wir uns zum Beispiel ganz verzweifelt fühlen, völlig am Boden zerstört, können wir die tiefempfundene Hoffnung aussprechen: »Hoffentlich läßt mein Gefühl nach, festgefahren zu sein. Hoffentlich wird meine Erfahrung von Wachheit stärker. Hoffentlich lerne ich meine grundlegende Weisheit kennen. Hoffentlich denke ich zuerst an andere, bevor ich an mich denke.« Hoffnung ist wie ein Gebet, mit dem Unterschied, daß niemand außer uns selbst es hört.

Hoffnung bedeutet, um es noch mal zu wiederholen, mit sich selbst zu sprechen und ein exzentrischer Bodhisattva zu sein. Sie ist ein Mittel, um sich selbst Kraft zu geben. In Wirklichkeit sind alle fünf Kräfte Mittel, um sich selbst Kraft zu geben. Der ganze Buddhismus ist im Grunde ein Mittel, um sich selbst Kraft zu geben, nicht um zu bekommen, was man will.

Die fünf Kräfte enthalten die essentielle Anweisung, wie man stirbt und wie man lebt. Ob jetzt, in diesem Augenblick, oder im Moment des Todes: Sie lehren uns, wie man zu dem, was gerade passiert, erwacht.

14

Liebevolle Güte und Mitgefühl

Alle Dharmas stimmen in einem Punkt überein. Bei allen Lehren und bei jeder Praxis geht es nur um eines: Wenn wir uns selbst stark beschützen, ist auch das Leiden sehr stark. Wenn das Ego oder der Kokon an Substanz verliert, verliert auch das Leiden an Substanz. Das Ego ist wie ein unglaublich dicker Mensch, der sich durch eine ganz schmale Tür zwängen will. Wenn sehr viel Ego vorhanden ist, werden wir von allem, was uns über den Weg läuft, gequetscht, gestoßen und in Schwierigkeiten gebracht. Wenn dann mal etwas passiert, das uns nicht quetscht, stößt und in Schwierigkeiten bringt, halten wir es für das Lebensglück und versuchen, es für immer festzuhalten. Als Folge dieses Festhaltens an uns selbst leiden wir noch mehr.

Man könnte das Ego für so etwas wie den Feind oder die Erbsünde halten. Aber wir müssen anders, viel sanfter damit umgehen. Es geht nicht um *Erbsünde*, sondern um den *empfindlichen Punkt*. Das unangenehme Zeug, das wir in uns selbst bemerken und das wir in der Welt als Gewalt, Grausamkeit und Furcht wahrnehmen, entsteht nicht aus einer grundlegenden Schlechtigkeit, sondern aus der Tatsache, daß wir ein zartes, verletzliches und warmes Bodhicitta-Herz haben, das wir instinktiv schützen wollen, damit nichts an es herankommt. Es geht um eine lebensbejahende Einstellung, die bei der grundlegenden Gutheit oder dem grundlegenden guten Herz ansetzt. Das Problem dabei ist, daß wir die Sache ständig vom falschen Ende her anpacken. Jede Praxis stimmt in dem Punkt überein, daß es in jedem Menschen ein elementares Grundmuster gibt, das bewirkt, daß wir ständig das

Unangenehme vermeiden und das Angenehme festhalten wollen. Offensichtlich muß das Muster geändert werden, das uns dazu zwingt, uns vor allem zu schützen, was den empfindlichen Punkt berühren könnte. Tonglen-Praxis ist dazu da, dieses Grundmuster zu ändern.

Ich habe das Ego zuvor schon als einen Raum beschrieben, in dem man versucht, alles seinen eigenen Begriffen unterzuordnen. Wenn wir diesen Raum verlassen wollen, brauchen wir keine Riesenmaschine zu benutzen, die alles in Stücke schlägt. Statt dessen gehen wir in unserem eigenen Tempo vor, beginnen da, wo wir sind, und machen Türen und Fenster auf. Es ist eine ganz sanfte Methode, die davon ausgeht, daß man Türen nach und nach öffnen *kann*. Man kann sie auch wieder schließen, so oft, wie es für einen selbst notwendig ist – nicht, um es sich wieder bequem zu machen, sondern in der Absicht, mehr Mut zu schöpfen und mehr Sinn für Humor und mehr grundlegende Neugier zu entwickeln. Eines Tages läßt man dann die Tür offen, lädt alle fühlenden Wesen als Gäste ein und ist auch ohne kleinlichen Terminkalender in der Bodenlosigkeit zu Hause.

Die Hauptsache bei dieser Praxis und bei jeder Praxis – alle Dharmas stimmen in einem Punkt überein – ist, daß man selbst der einzige ist, der weiß, was Öffnen und Zumachen ist. Man selbst ist der einzige, der Bescheid weiß. Die nächste Losung, »Wenn du es mit zwei Zeugen zu tun hast, dann halte dich an den Hauptzeugen«, bedeutet, daß der eine Zeuge die anderen sind, die auf uns reagieren und uns ihre Meinung sagen (die wir ernst nehmen sollten, denn es ist immer etwas Wahres dran an dem, was die Leute sagen). Aber der wichtigere Zeuge ist man selbst. Du selbst bist der einzige, der weiß, wann du dich öffnest und wann du zumachst. Du selbst bist der einzige, der weiß, wann du die Dinge benutzt, um dich zu schützen und dein Ego zusammenzuhalten, und wann du dich öffnest, die Dinge losläßt und die Welt an dich herankommen läßt, wie sie ist, um mit ihr zu arbeiten, statt gegen sie anzukämpfen. Du selbst bist der einzige, der Bescheid weiß.

Unter den noch folgenden Losungen gibt es eine, die lautet: »Mache Götter nicht zu Dämonen.« Das bedeutet, daß man aus etwas Gutem, wie zum Beispiel der Tonglen-Praxis oder den Lojong-Lehren (das ist mit »Göttern« gemeint) – Dämonen machen kann. Man kann alles verwenden, um Türen und Fenster dichtzumachen.

Wir können Tonglen so ausüben, wie es mir einer meiner Schüler mal beschrieben hat. Er sagte: »Ich mache es, aber ich gehe sehr vorsichtig mit dem Einstellknopf um. Ich atme gerade so viel ein, daß es nicht weh tut oder wirklich eindringt, und ich atme gerade so viel aus, daß ich das Gefühl habe, zu praktizieren. Aber im Grunde passiert dabei nie etwas.« Er benutzte Tonglen nur, um alles abzumildern und ein angenehmes Gefühl zu bekommen. Wir können Tonglen auch verwenden, um uns wie Helden vorzukommen: Wir atmen wie wild ein und aus, aber die Motivation dahinter ist nicht Hilfsbereitschaft und die Absicht, in die Bereiche unserer selbst vorzudringen, vor denen wir Angst haben oder die wir ablehnen. In Wirklichkeit möchten wir die Praxis als Selbstbestätigung verwenden, um uns das Gefühl zu geben, daß wir zur richtigen Zeit am richtigen Ort sind und der richtigen Religion angehören. »Ich bin auf der richtigen Seite. Ich bin in Ordnung, und die Welt ist in Ordnung.« Das bringt nicht allzuviel. Vielleicht stellen wir irgendwann fest, daß wir ständig Krieg gegen die Realität führen und daß die Realität dabei immer gewinnt.

Alle Lehren und besonders die Lojong-Lehren ermutigen uns, Momente, in denen wir mit etwas zu kämpfen haben, zu nutzen, um innezuhalten, nachzudenken und einzuatmen, um herauszufinden, was sich hinter der Kämpferei verbirgt. Wenn wir uns mal beklagen, müssen wir nicht gleich sagen: »O je, ich bin schlecht, weil ich gegen etwas ankämpfe.« Es geht nicht darum, daß es eine Sünde wäre, gegen etwas anzukämpfen. Es geht einfach nur darum, daß wir das Muster ändern können, indem wir einatmen und Kontakt mit dem Herzen aufnehmen, dem empfindlichen Punkt, der sich hinter den ganzen Schutzmechanismen verbirgt.

Karma ist ein schwieriges Thema. Aber ein Grund, warum wir uns mit dem, was uns zustößt, auseinandersetzen und nicht anderen die Schuld dafür geben sollen, ist, daß alles, was uns zustößt, die Folge von Dingen ist, die wir früher getan haben. Diese Art, über Karma zu reden, kann leicht mißverstanden werden. Manche Leute machen daraus einen grausamen Schuld-und-Sühne-Exzeß und glauben, wenn etwas schiefgeht, bedeute dies, daß sie etwas Böses getan haben und jetzt dafür bestraft werden. Aber darum geht es überhaupt nicht. Der Sinn des Karma ist, daß wir genau die Lehren erhalten, die wir brauchen, um unser Herz zu öffnen. In unserem jetzigen Leben werden uns die Lehren genau in dem Maß geschenkt, in dem wir es in der Vergangenheit nicht verstanden haben, die Schutzschilde um unseren empfindlichen Punkt zu entfernen und unser Herz von seinem Panzer zu befreien. Jetzt bekommen wir alles, was wir brauchen, um zu lernen, wie man sich weiter öffnet.

Ich habe mal eine Karikatur gesehen, die genau das beschreibt. Ein Eisbergsalat sitzt im Garten und sagt: »O nein! Warum bin ich wieder in diesem Gemüsegarten gelandet? Ich wollte doch eine wildwachsende Blume werden.« Die Bildunterschrift lautet: »Oskar wurde wieder als Eisbergsalat geboren, damit er seine Angst überwindet, aufgegessen zu werden.« Man kann alles aus einer umfassenderen Perspektive betrachten, statt immer nur an Belohnung und Strafe zu denken. Wir könnten unser Leben als Veranstaltung zur Erwachsenenbildung begreifen. Einen Teil des Lehrplans mögen wir, einen anderen nicht. Mit manchem kommen wir gut zurecht, mit anderem nicht. Es ist der Lehrplan, der zur Erleuchtung führt. Die Frage ist, was man damit anfängt.

Wenn wir beginnen, unser Herz zu berühren oder es berühren zu lassen, entdecken wir, daß es ohne festen Boden ist, keine Absichten hat und daß es ungeheuer groß, weit und ohne Grenzen ist. Wir entdecken, wieviel Wärme, Zärtlichkeit und Raum es dort gibt. Die Welt erscheint uns dann nicht mehr so fest, sondern geräumiger und weiter. Die Last wird leichter. Am Anfang sind wir vielleicht traurig, oder es wird uns schwindlig, was mit viel Angst verbunden ist, aber wir entwickeln eine immer größere Bereitschaft, uns auf die Angst einzulassen und sie uns zum Gefährten zu machen. Wir sind bereit, uns selbst in unseren tiefsten Tiefen kennenzulernen. Nach einiger Zeit beginnt genau diese Angst sich in das Verlangen zu verwandeln, alle Mauern niederzureißen, ganz Mensch zu werden und so zu leben, daß man angesichts bestimmter Dinge nicht dauernd dichtmachen und sich abschotten muß. Die Angst beginnt sich in das Verlangen zu verwandeln, ganz für Freunde da zu sein, wenn es ihnen schlecht geht, und diesem armen kränkelnden Planeten eine echte Hilfe zu sein. Seltsamerweise geht dieses Verlangen, diese Traurigkeit und diese Zärtlichkeit mit einem ungeheuren Wohlbehagen einher, mit bedingungslosem Wohlbehagen, das nichts mit angenehm oder unangenehm, gut oder schlecht, Hoffnung oder Furcht, Schande oder Ruhm zu tun hat. Es ist etwas, das sich einfach einstellt, wenn wir fühlen, daß wir unser Herz offenhalten können.

15

Leicht und klar werden

Die nächsten beiden Losungen – »Bewahre immer einen fröhlichen Geist« und »Wenn du trotz Ablenkungen praktizieren kannst, bist du gut geübt« – gehören zusammen. Die erste bedeutet, daß man heiter bleibt, wenn man alles als Brennstoff des Erwachens betrachtet. Die zweite sagt, daß man gut geübt ist, wenn man alles im Leben, was es auch sei, verwenden kann, um sich aufzuwecken, statt sich einzuschläfern.

Wenn wir uns völlig daneben fühlen und in eine elende Stimmung absacken, erinnert uns die Losung »Wenn du trotz Ablenkungen praktizieren kannst, bist du gut geübt« daran, daß wir Tonglen praktizieren können – daß wir die Schwierigkeit oder das Unglück einatmen können, um Mitgefühl mit uns selbst zu entwickeln und dadurch auch das Leid anderer zu verstehen. Wir können die Ablenkung nutzen, um zum gegenwärtigen Augenblick zurückzukehren, wie ein Pferd, das sich instinktiv korrigiert, wenn es stolpert, oder ein Skiläufer, der sich wieder fängt, wenn er das Gleichgewicht verliert. Gut geübt sein heißt, daß wir uns fangen und wieder im gegenwärtigen Augenblick präsent sein können.

Auch wenn alles in Ordnung ist, kann diese Losung ein wichtiger Hinweis sein. Statt gewohnheitsmäßig alles Angenehme festhalten zu wollen, sollten wir uns daran gewöhnen, es wegzugeben und mit dem Ausatmen für andere abzustrahlen. So können wir uns immer einen fröhlichen Geist bewahren. Nach und nach wird die Last des Egos geringer, weil wir nicht mehr ständig unser privates Glück, aber auch unser normales Maß an Unglück und kleinen Widrigkeiten bewahren müssen.

Natürlich ist es schwierig, Fröhlichkeit wegzugeben. Jemand sagte mal: »Das Ausatmen als Teilen zu verstehen, finde ich schön. Teilen ist etwas Schönes, aber Weggeben? Das heißt doch, daß ich es nie mehr wiederbekomme.« Das Ausatmen und Teilen des Angenehmen kann bedrohlich erscheinen. Wir sind nicht immer bereit, Glück zu teilen oder wegzugeben. Doch wenn die Last leichter wird, empfinden wir das als großes Glück. Das kommt daher, daß wir etwas getan haben, wodurch sich das Muster des Sich-Fürchtens und des Ankämpfens gegen unangenehme Erfahrungen ändert. Widerstand verursacht Leid. Mehr als der eigentliche Ärger oder die eigentliche Eifersucht verursacht der Widerstand dagegen das Leid. Alles, was den Widerstand auflöst, führt dazu, daß wir entspannter und offener werden und ein feierliches Gefühl bekommen.

Früher oder später befinden wir uns alle in einer Lage, in der wir die äußeren Umstände überhaupt nicht ändern können, und uns wird klar, daß alles von unserer Einstellung abhängt – ob wir weiter gegen alles ankämpfen, was uns widerfährt, oder ob wir anfangen, damit zu arbeiten. Sich an »Bewahre immer einen fröhlichen Geist« zu erinnern, kann in einer solchen Situation sehr helfen.

Alles, was dazu beiträgt, daß wir uns nicht so verzweifelt an die Freude klammern und keine Angst davor haben, daß sie von Natur aus immer einen Übergang darstellt, bringt uns dem Zustand näher, in dem wir endlich in unserer eigenen Welt heimisch sind und auch anderen helfen können. Populäre Songs enthalten Zeilen wie »Freedom's just another word for nothing left to lose« oder »I've got plenty of nothing and nothing's plenty for me.« In traditionellen tibetischen Texten heißt es »Große Glückseligkeit entsteht aus der

Erfahrung von Leerheit«, was so klingt, als sei es etwas weiter weg von unserer persönlichen Erfahrung. Aber alle diese Worte besagen dasselbe: Wir praktizieren und leben, um zu lernen, wie man sich entspannt und leicht und klar wird und nicht jedesmal ein Riesentheater aus allem zu machen, was passiert: den Erfolgen und Fehlschlägen, den Belohnungen und Strafen.

Wenn der Hauptzeuge (aus »Wenn du es mit zwei Zeugen zu tun hast, dann halte dich an den Hauptzeugen«) eine strenge juristische Amtsperson ist, ist es wahrscheinlich schwer, leicht und klar zu werden. Du meditierst zum Beispiel, stehst aber gleichzeitig mit einem Stock hinter dir und sagst: »Du denkst schon wieder, dauernd denkst du! Zack! Jetzt klingelt die Tonglen-Glocke, und du hast noch nicht mal eine Sekunde lang Tonglen praktiziert! Zack!« Du sagst dir: »Ich kann's nicht. Es ist hoffnungslos. Alle anderen scheinen es wunderbar hinzukriegen, aber ich habe anscheinend kein bißchen grundlegende Gutheit.« Dann drischst du auf dich selbst ein und vergißt alles, was du je über Sanftheit gehört hast, oder du erinnerst dich daran und sagst: »Du bist nicht sanft! Zack!«

Du hörst eine Losung wie »Bewahre immer einen fröhlichen Geist«, und schlägst dir zwei Wochen lang selbst den Schädel blutig, weil du nicht fröhlich bist. Diese Form von Weisheit ist ein bißchen übertrieben. Also werde leicht und klar. Mach kein Theater. Der Schlüssel, um sich im eigenen Körper, im eigenen Geist und in den eigenen Emotionen zu Hause zu fühlen und würdig, auf diesem Planeten zu leben, liegt darin, leicht und klar zu werden. Übertriebener Eifer und falsche Ernsthaftigkeit bei allem, was im Leben geschieht – einschließlich der Praxis – so eine verbissene, erfolgsbesessene Wir-werden-es-schon-schaffen-Mentalität ist der Tod jeder Fröhlichkeit. Man weiß nichts mehr zu würdigen, weil man nur noch mit grimmigem und übertriebenem Ernst zu Werke geht. Ein fröhlicher Geist ist im Gegensatz dazu sehr schlicht und entspannt.

Einmal las ich während eines Retreats einen traditionellen Text, der von Glückseligkeit und besonderen Erfahrungen handelt, und fühlte mich immer elender. Ich kam mir ärmlich und erbärmlich vor, weil ich noch nie Erlebnisse gehabt hatte, die sich wie Glückseligkeit, Klarheit oder Helligkeit anfühlten. Ich fühlte mich niedergeschlagen, weil ich nicht an ein einziges dieser glühenden Worte heranreichte. Zum Glück legte ich das Buch weg und las etwas Einfaches darüber, wie man einfach nur lebendig ist, als der, der man gerade ist – nichts Besonderes, keine große Sache, schlicht: Halt die Augen offen, halt die Ohren offen, bleib wach. Diese einfachen Anweisungen heiterten mich auf, denn ich merkte, daß ich sie befolgen konnte.

Wenn wir danach streben, leicht und klar zu werden, entwickeln wir Humor. Der Bierernst läßt allmählich nach. Ein fröhlicher Geist wird außerdem durch Neugier, Aufmerksamkeit und Interesse an der Welt geweckt. Wir müssen nicht dauernd glücklich sein. Aber Neugier ohne ständige griesgrämige Kritiksucht bringt uns weiter. Wenn wir kritiksüchtig sind, sollte auch das uns neugierig machen. Bemerke alles. Würdige alles, auch das Einfache und Schlichte. So zaubert man Fröhlichkeit oder Heiterkeit herbei. Neugier zieht Heiterkeit an. Und sich einfach daran zu erinnern, daß man es auch anders machen kann, schafft Raum zum Fröhlichsein. Wir sind so auf das Gefühl fixiert, eine schwere Last zu tragen – die Last, fröhlich sein zu müssen, oder die Last, unglücklich zu sein –, daß es manchmal weiterhilft, einfach das Muster zu ändern. Alles Ungewohnte hilft weiter, und Tonglen ist mit Sicherheit ungewohnt. Bei der Praxis geht es darum, sich ein anderes Muster zuzulegen, das Grundmuster zu ändern und alle Muster abzulegen. Oder du gehst einfach ans Fenster und schaust dir den Himmel an. Du spritzt dir kaltes Wasser ins Gesicht, singst unter der Dusche oder gehst Joggen – alles, was nicht in das gewohnte Muster paßt, kann der Anfang sein, um leicht und klar zu werden.

Ich habe mal eine Geschichte über eine Frau gelesen, die ihr Leben lang ziemlich verdrießlich war. Als sie alt wurde, wurde sie noch empfindlicher und ziemlich schwierig. Dann bekam sie Krebs. Und aus irgendeinem Grund wurde sie – nach einer Zeit des Sich-Wehrens und der Wut – nicht noch verdrießlicher, sondern immer heiterer. Je mehr sie verfiel, desto heiterer wurde sie. Sie sagte immer wieder, daß sie glücklich über die Zeit war, die ihr noch blieb, um ihr Leben zu genießen, obwohl sie ihr Leben überhaupt nicht genossen hatte, bevor sie krank wurde. Zum Schluß fiel sie einen Tag vor ihrem Tod ins Koma. Ihre Familienangehörigen hatten sie immer mehr liebgewonnen, nach all den Jahren, in denen sie allen immer nur auf die Nerven gegangen war. Sie versammelten sich um ihr Bett und schauten verdrossen drein, genau wie sie immer dreingeschaut hatte. Kurz bevor sie starb, öffnete sie die Augen und sah sie alle dastehen. Sie sagte: »Nanu, ihr seht alle so unglücklich aus. Stimmt irgendwas nicht?« Sie starb lachend.

»Bewahre immer einen fröhlichen Geist« und »Wenn du trotz Ablenkungen praktizieren kannst, bist du gut geübt« bedeuten also auch, daß das beste Geschenk, das man sich selbst machen kann, darin besteht, den eigenen Geist klarer werden zu lassen. Eine Möglichkeit ist, sich von Ablenkungen zum gegenwärtigen Augenblick zurückbringen zu lassen. Eine andere Möglichkeit ist Neugier. Wenn wir zu sehr auf unser Glück oder Unglück fixiert sind, ist es gut, einfach etwas anderes zu machen, um das Muster zu ändern. Tonglen ist zum Beispiel etwas, was man tun kann.

16

Gib jede Hoffnung auf Belohnung auf

Unsere nächste Losung lautet: »Gib jede Hoffnung auf Belohnung auf.« Man könnte auch sagen: »Gib jede Hoffnung auf«, »Gib auf« oder einfach »Gib«. In der Kürze liegt die Würze.

Eine der wirkungsvollsten Lehren der buddhistischen Tradition ist die, daß sich so lange nichts ändert, wie man wünscht, daß es sich ändert. Solange man sich wünscht, ein besserer Mensch zu werden, wird man es nicht. Solange man sich auf die Zukunft hin orientiert, kann man sich nicht entspannen und auf das einlassen, was man schon hat oder ist.

Eine der am tiefsten sitzenden Verhaltensweisen ist die, zu glauben, daß die Gegenwart nicht gut genug ist. Wir denken viel über die Vergangenheit nach, die vielleicht besser war als das Heute oder auch schlechter. Wir denken auch ein wenig an die Zukunft – vor der wir uns vielleicht fürchten – immer in der Hoffnung, daß sie ein bißchen besser sein wird als die Gegenwart. Auch wenn es uns zur Zeit wirklich gut geht – wir sind gesundheitlich in Ordnung, haben den Mann oder die Frau unserer Träume kennengelernt, haben ein Kind bekommen oder den Traumjob gefunden –, haben wir die Tendenz, ständig darüber nachzudenken, was werden wird. Du schenkst dem Menschen, der du gerade bist, nicht dein volles Vertrauen.

Es ist zum Beispiel leicht, zu hoffen, daß durch Meditation alles besser wird, daß wir keine schlechte Laune oder keine Angst mehr haben werden oder daß die Leute uns besser leiden können als jetzt. Und wenn wir damit keine Probleme haben, beschleicht uns vielleicht das Gefühl, daß wir nicht spirituell genug sind. Wir wollen unbedingt in die wache, brillante und heilige Welt eintreten, die wir durch Meditation zu finden hoffen. Alles, was wir lesen, scheint irgendwie davon zu handeln, daß wir in einer sehr engen Perspektive gefangen sind und daß wir, wenn wir uns nur richtig verhalten, Zugang zu einer größeren Welt bekommen, einer geräumigeren Welt, die anders ist als die, in der wir jetzt leben.

Einer der Gründe, warum ich darüber reden möchte, alle Hoffnung auf Belohnung aufzugeben, ist der, daß ich jetzt schon seit einiger Zeit meditiere und Dharmaunterweisungen gebe, aber merke, daß ich immer noch eine geheime Leidenschaft dafür habe, zu erfahren, wie es wohl sein wird, wenn – wie es in einigen der klassischen Texte heißt – »alle Schleier entfernt worden sind«. Es ist dasselbe Gefühl, als wollte man über sich selbst hinausgehen und sich in einem Zustand wiederfinden, der wacher ist als das jetzt Gegenwärtige, wachsamer als der gegenwärtige Zustand. Manchmal passiert uns das auf einer sehr weltlichen Ebene: Wir möchten abnehmen, weniger Akne oder mehr Haare haben. Aber es bleibt so gut wie immer ein mehr oder weniger feines Gefühl der Enttäuschung zurück, das Gefühl, daß die Rechnung nicht ganz aufgegangen ist.

In einer der ersten Unterweisungen, die ich hörte, sagte der Lehrer: »Ich weiß nicht, warum ihr hergekommen seid, aber ich sage euch gleich, daß die ganze Lehre darauf beruht, daß die Rechnung niemals aufgeht.« Ich fühlte mich ein wenig so, als hätte er mir gerade ins Gesicht geschlagen oder mir kaltes Wasser über den Kopf geschüttet. Aber ich denke immer wieder darüber nach. Er sagte: »Die Rechnung geht nie ganz auf.« Es gibt keine verheißungsvolle Zukunft, in der sich alles lückenlos zusammenfügt. Obwohl es mich schockierte, stellte es sich als wahr heraus. Eines der Dinge, die uns auf Dauer unglücklich sein lassen, ist die ununterbrochene Suche nach dem Glück oder nach Sicherheit, die Suche nach einer etwas angenehmeren Situation, entweder für den Hausgebrauch oder auf der spirituellen Ebene oder auf der Ebene geistigen Friedens.

Heutzutage gehen die Leute an die unterschiedlichsten Orte, um das zu finden, wonach sie suchen. Es gibt 12-Stufen-Programme; jemand hat mir erzählt, daß es jetzt ein 24-Stufen-Programm gibt; eines Tages wird es wahrscheinlich ein 108-Stufen-Programm geben. Es gibt unzählige Selbsthilfegruppen und Therapien. Viele Menschen fühlen sich verletzt und suchen nach etwas, das sie heilt. Mir scheint, daß die Wurzel der Heilung, die Wurzel des Gefühls, ein wirklich reifer Mensch zu sein, dort zu finden ist, wo man nicht mehr versucht, irgend etwas loszuwerden, sondern das, was man hat, zu würdigen weiß. Das ist ein hartes Brot, wenn das, was man hat, Schmerz ist.

In Boston gibt es eine Streßklinik, die nach buddhistischen Prinzipien geleitet wird. Sie wurde von Dr. Jon Kabat-Zinn gegründet, der praktizierender Buddhist ist und das Buch *Full Catastrophe Living* (dt: *Gesund und streßfrei durch Meditation*) geschrieben hat. Der wichtigste Grundsatz für die Patienten in dieser Klinik ist, daß sie jede Hoffnung auf Belohnung aufgeben müssen. Andernfalls ist die Therapie erfolglos. Wenn man das Bedürfnis hat, sich zu ändern, dann beruht das auf dem Gefühl, minderwertig zu sein. Es beruht auf Aggressionen gegen sich selbst und auf einer Abneigung dem eigenen momentanen Geisteszustand, der eigenen Art zu sprechen oder dem eigenen Körper gegenüber. Irgend etwas an sich selbst hält man für unzulänglich. Die Patienten kommen vor allem mit Suchtproblemen wegen Medikamentenmißbrauchs oder starkem Arbeitsstreß in die Klinik. Und diese simple Anweisung, nämlich die Hoffnung aufzugeben, ist die wichtigste Zutat, um Gesundheit und Heilung zu erreichen.

Das ist das Entscheidende. Solange man dünner, schlauer, erleuchteter, nicht so steif oder was auch immer sein möchte, geht man an das Problem mit derselben Logik heran, die es überhaupt erst hat entstehen lassen: Du bist nicht gut genug. Deshalb löst sich das Verhaltensmuster niemals auf, solange man etwas verbessern will.

Im Buddhismus gibt es eine lebensbejahende Lehre, die besagt, daß Buddha (das bedeutet »der Erwachte«) niemand ist, den man anbetet. Buddha ist niemand, dem man nacheifert. Buddha ist niemand, der vor zweitausend Jahren geboren wurde und schlauer war, als wir selbst es je sein werden. Buddha ist die uns innewohnende Natur – unsere Buddhanatur –, und das bedeutet, daß wir völlig erwachsen werden, indem wir in Kontakt mit dem Wissen kommen, das schon immer in uns war. Es ist kein Wissen, das uns von außen aufgepfropft wird. Wenn wir reifer werden, sind wir nicht länger Gefangene des in der Kindheit entstandenen Gefühls, daß wir uns ständig schützen oder abschirmen müssen, weil das Leben brutal ist. Wenn wir dabei sind, erwachsen zu werden – und das würde ich so definieren, daß wir uns in unserer Welt vollkommen zu Hause fühlen, egal wie schwierig die Situation auch sein mag –, dann geschieht das, weil wir zulassen, das etwas, das bereits in uns ist, Nahrung erhält. Wir lassen zu, daß es wächst und sich zeigt, anstatt es andauernd abzuschirmen, zu verbergen und wie in einem Grab einzuschließen.

Jemand hat mal zu mir gesagt: »Wenn man Angst hat, dann ist das furchtsamer Buddha.« Das paßt zu allem, was wir empfinden, zum Beispiel zu Wutanfällen. Wir geraten außer Kontrolle, sehen rot und merken plötzlich, daß wir herumschreien, mit Dingen um uns werfen oder jemanden schlagen. Das ist der Moment, in dem wir die Tatsache akzeptieren sollten, daß das »wütender Buddha« ist. Wenn wir eifersüchtig sind, ist das »eifersüchtiger Buddha«. Wenn wir Verdauungsbeschwerden haben, dann ist das »Buddha mit Sodbrennen«. Wenn wir glücklich sind, »glücklicher Buddha«, wenn wir gelangweilt sind, »gelangweilter Buddha«. Mit anderen Worten: Alles, was wir wahrnehmen oder denken, ist es wert, daß wir Mitgefühl dafür empfinden, und alles, was wir denken oder fühlen, verdient unsere Wertschätzung.

Diese Lehre hatte eine starke Wirkung auf mich. Ich machte die unterschiedlichsten geistigen Zustände und Stimmungen durch, es ging rauf und runter, nach links und nach rechts, ich fiel auf die Nase und stand wieder auf. Aber in diesen ganz verschiedenen Lebenslagen erinnerte ich mich an »Buddha fällt auf die Nase, Buddha fühlt sich ganz obenauf, Buddha sehnt sich in die Vergangenheit zurück.« Ich fing an zu begreifen, daß ich Buddha nicht entrinnen konnte, wie sehr ich es auch versuchte. Ich konnte durch Dick und Dünn zu mir halten. Wenn jemand sich selbst bedingungslos annehmen kann, kann er bedingungslos Buddha annehmen.

Aus diesem Grund sagt die Losung: »Gib jede Hoffnung auf Belohnung auf.« »Belohnung« bedeutet, daß man sich in Zukunft irgendwann gut fühlen wird. Es gibt ein anderes Wort, das Wort *offen*, das bedeutet, daß man ein offenes Herz und einen offenen Geist hat. Das bezieht sich sehr stark auf die Gegenwart. Wenn man sich selbst bedingungslos annimmt, heißt das, jetzt und hier Buddha anzunehmen und zu sich selbst zu finden.

Weil Gampo Abbey ein Kloster ist, kann man dort nichts Spaßiges machen, außer, wenn es einem Spaß macht, ununterbrochen zu meditieren oder in der Natur herumzustreifen, aber das wird nach einer Weile alles ziemlich langweilig.

Es gibt dort keinen Sex, man kann sich nicht betrinken, und man kann auch nicht lügen. Manchmal sehen wir uns einen Videofilm an, aber das ist selten, und normalerweise wird nachher darüber diskutiert. Das Essen ist manchmal gut und manchmal grauenhaft. Es ist ein ziemlich unbequemer Ort. Der Grund, warum es dort so unbequem ist, ist der, daß man dort nicht vor sich selbst davonlaufen kann. Und dennoch: Je mehr die Leute sich mit sich selbst anfreunden, desto mehr halten sie es für einen zuträglichen und fördernden Ort, an dem man die Buddhaschaft in sich selbst entdecken kann, so wie man gerade jetzt, an diesem Tag ist. Kannst du dich genau heute bedingungslos annehmen? Genau mit deiner Größe, deinem Gewicht, deinem Intelligenzquotient und dem Maß an Leid, das du mit dir herumschleppst? Kannst du das bedingungslos annehmen?

Jede Hoffnung auf Belohnung aufzugeben, hat etwas mit dem Titel meines vorigen Buchs, *The Wisdom of No Escape* (dt. *Dharma als Lehre, Dharma als Erfahrung*) zu tun. »No Escape« (»kein Entrinnen«) verweist uns immer wieder auf den gegenwärtigen Augenblick, und der gegenwärtige Augenblick ist genau das, was er ist, egal in welcher Stimmung wir sind oder was wir gerade denken. Genau das ist es.

Egal ob man seine Meditationsanweisung in der Theravada-Tradition, der Zen-Tradition oder der Vajrayana-Tradition bekommt, die grundlegende Anweisung ist immer, daß man wach für den gegenwärtigen Augenblick sein soll. Was uns nicht gesagt wird, ist, daß wir selbst der gegenwärtige Augenblick sein können, jenes Selbst, mit dem wir manchmal überhaupt nicht klarkommen. Genau dazu sollen wir erwachen.

Als einer der Herrscher von China Bodhidharma (der den Buddhismus von Indien nach China brachte) fragte, was Erleuchtung sei, antwortete Bodhidharma: »Viel Raum, nichts

Heiliges.« Meditation ist nichts Heiliges. Deswegen läßt sich nichts von dem, was wir denken oder fühlen, in die Kategorie »Sünde« einordnen. Nichts von dem, was wir denken oder fühlen, kann als »schlecht« bezeichnet werden. Nichts von dem, was wir denken oder fühlen, kann »falsch« sein. Es ist alles brauchbarer, saftiger Grundstoff – Dünger für das Erwachen, Dünger für die Erleuchtung. Und Erleuchtung ist die Kunst, im gegenwärtigen Augenblick zu leben.

17

Mitfühlendes Handeln

Wie können wir helfen? Wie können wir eine bessere Welt, ein besseres Zuhause oder eine bessere berufliche Situation schaffen, in welcher Situation wir uns auch befinden? Wie können wir unser Handeln, unser Reden und unseren Geist so gestalten, daß mehr Raum entsteht und alles nicht noch mehr eingeengt wird? Mit anderen Worten: Wie können wir Raum für andere und uns selbst schaffen, damit alle Kontakt zu ihrer eigenen Weisheit aufnehmen können? Wie können wir Raum schaffen, um noch mehr eins mit der Welt zu werden und nicht so vereinzelt, isoliert und verängstigt zu sein? Wie können wir das schaffen?

Alles fängt mit liebevoller Güte für uns selbst an, die zu liebevoller Güte für andere wird. Wenn die Schranken um das eigene Herz fallen, haben wir nicht mehr so viel Angst vor anderen. Wir können besser hören, was gesagt wird, und sehen, was sich vor unseren Augen abspielt. Wir arbeiten mit allem, was sich ereignet, statt dagegen anzukämpfen. Die Lojong-Lehren sagen, daß man hilft und mitfühlend handelt, indem man sich an die Stelle anderer versetzt. Wenn wir in der Haut eines anderen Menschen stecken, wissen wir, was ihm fehlt und was sein Herz begehrt.

Kürzlich habe ich einen Brief von einer Freundin bekommen, in dem sie mir alle möglichen häßlichen Sachen an den Kopf warf und mich furchtbar heruntermachte. Zuerst fühlte ich mich verletzt, dann wurde ich wütend und fing an, im Kopf einen Brief aufzusetzen, einen sehr dharmischen Brief, mit dem ich ihr antworten und alle Lehren und die ganze Lojong-Logik verwenden wollte, um sie abzukanzeln. So, wie es zwischen uns stand, hätte ein dharmischer Brief sie zwar eingeschüchtert, aber letztlich nichts genützt. Er hätte nur bewirkt, daß wir uns noch stärker auf unsere Rollen als unterschiedliche Personen fixiert hätten. Jede von uns hätte sich noch stärker mit ihrer Rolle identifiziert. Ich wäre die Allwissende geblieben und sie die arme Schülerin. Aber an dem Tag, an dem ich so viel Kraft aufbrachte, um diesen Brief zu formulieren, veränderte sich die Situation: Es passierte etwas, das bewirkte, daß ich mich plötzlich schrecklich einsam fühlte, traurig und verletzlich. In diesem Zustand begriff ich auf einmal, wie der Brief meiner Freundin entstanden war: aus Einsamkeit und dem Gefühl heraus, vernachlässigt zu werden. Es war ein Versuch zu kommunizieren.

Wenn es uns schlechtgeht, stellen wir manchmal die Leute auf die Probe, ob sie uns auch dann noch mögen, wenn wir ihnen zeigen, wie häßlich wir uns verhalten können. So, wie ich mich selbst fühlte, konnte ich verstehen, daß sie niemanden brauchte, der zurückschimpft. Daher schrieb ich einen Brief, der ganz anders war als der, den ich vorgehabt hatte. Es war ein sehr ehrlicher Brief, in dem stand: »Weißt Du, Du kannst mich beschimpfen und Dich auskotzen soviel Du willst, aber ich werde Dich niemals aufgeben.« Es war kein Brief voller Wischiwaschi, der verschwiegen hätte, daß ich verletzt worden war. Aber es war auch kein Brief, in dem ich ins andere Extrem verfiel und wild um mich schlug. Zum ersten Mal hatte ich das Gefühl, erfahren zu haben, was es bedeutet, sich an die Stelle von jemand anderem zu versetzen. Wenn man dort gewesen ist, weiß man, wie man sich dort fühlt, und daher, was man dem anderen geben muß, damit Raum entstehen kann und etwas zu fließen beginnt. Dann können wir dem anderen etwas geben, das ihm hilft, zu seiner eigenen Einsicht, seinem Mut und seiner Sanftheit zu finden, anstatt die Situation noch mehr zuzuspitzen.

Die Losung »Gib einem alle Schuld« ist der Dreh- und Angelpunkt, weil wir normalerweise *anderen* die Schuld geben, wenn wir selbst verletzt wurden, und uns dafür rächen wollen. So läuft das meistens. Darum ist dieser Austausch (das Hineinversetzen in jemand anderen) keine theoretische Überlegung, kein Versuch, sich vorzustellen, was der andere wohl empfindet. Er entsteht vielmehr durch Vertrauen, Offenheit und Ehrlichkeit im Umgang mit dem, was wir selbst sind und tun. So fangen wir an, Menschlichkeit als Ganzes zu verstehen und angemessen über Situationen zu sprechen.

Die eigentliche Grundlage für mitfühlendes Handeln besteht darin, die Bedeutung des Arbeitens *mit* statt des Ankämpfens *gegen* zu betonen. Ich meine damit, daß wir mit dem unangenehmen Material arbeiten, das wir ablehnen. Wenn das Unerwünschte und Unwillkommene irgendwo *da draußen* auftaucht, können wir uns damit auseinandersetzen, indem wir daran arbeiten, liebende Güte uns selbst gegenüber zu entwickeln. Dann liegt darin keine Herablassung. Dieser nicht-dualistische Zugang beruht auf einer Herzenswahrheit, weil er davon ausgeht, daß alle Menschen sehr ähnlich sind. Wir wissen, wovon wir sprechen, weil wir das Sich-Dichtmachen, Sich-Abschotten, Wütend-Sein, Verletzt-Sein, Rebellisch-Sein und so weiter aus eigener Erfahrung kennen und uns mit diesen Bestandteilen unser selbst vertraut gemacht haben.

Hier geht es nicht um das Lösen von Problemen. Es ist ein viel offenerer und mutigerer Ansatz. Er hat etwas damit zu tun, daß wir nicht wissen, was kommt, nichts damit, daß wir Boden unter den Füßen gewinnen wollen. Es geht darum, Herz und Geist für alles offenzuhalten, was passiert, ohne Hoffnung auf Belohnung. Das Lösen von Problemen beruht erstens auf der Annahme, daß es ein Problem gibt, und zweitens auf der Annahme, daß es eine Lösung gibt. Das Konzept von Problem und Lösung hält uns in der Denkweise gefangen, daß es einen Feind und einen gesegneten oder richtigen und einen falschen Weg gibt. Die Sichtweise, um die es hier geht, ist viel bodenloser.

Eine besonders wichtige Losung lautet: »Ändere deine Einstellung, doch bleibe natürlich« oder »Ändere deine Einstellung und entspanne dich«.

Wenn wir mitfühlende Kommunikation pflegen und mitfühlende soziale und private Beziehungen aufbauen wollen, müssen wir unsere Einstellung grundlegend ändern. Die Einstellung »Ich bin der, der hilft, und du bist der, der Hilfe braucht« bringt vielleicht eine Zeitlang weiter, doch im Grunde bewirkt sie nichts, weil immer einer da ist, der hat, und ein anderer, der nicht hat. Diese dualistische Einstellung kommt nicht wirklich aus dem Herzen.

Die Lojong-Lehren besagen, daß die grundsätzliche Einstellungsänderung darin besteht, das Unerwünschte ein- und das Wünschenswerte auszuatmen. Wir hingegen neigen dazu, Unangenehmes wegzustoßen und Angenehmes nicht nur festzuhalten, sondern immer mehr davon zu wollen.

Eine neue Einstellung kommt nicht über Nacht. Sie entsteht nach und nach, in einem ganz individuellen Tempo. Wenn wir bestrebt sind, nicht länger gegen die Anteile unser selbst anzukämpfen, die wir unerträglich finden, und statt dessen beginnen, sie einzuatmen, entsteht viel Raum. Wir lernen uns selbst ganz und gar kennen – ohne Monster im Schrank und Dämonen in der Höhle. Es ist ein wenig so, als würden wir das Licht anmachen und uns selbst ehrlich und mit großem Mitgefühl betrachten.

Wir sollten uns angewöhnen, unsere Einstellung auf ganz alltägliche Weise zu ändern. Wenn wir etwas Schönes und Wunderbares erleben, geben wir unsere Freude mit dem

Ausatmen weg und teilen sie mit anderen. Das schafft ungeheuren Raum – nicht nur für uns selbst, sondern auch für alle anderen. Dann beginnen die inneren Barrieren sich aufzulösen, die uns von unserer natürlichen Frische und Offenheit trennen. Diese revolutionäre und mutige Art, mit Leid und Freude umzugehen, ist die grundlegend neue Einstellung, die ich meine.

Wenn wir mit dem Leid arbeiten, indem wir uns darauf einlassen, und mit der Freude, indem wir sie weggeben, dann bedeutet das nicht, die Zähne zusammenzubeißen und ein fröhliches Liedchen zu pfeifen. Die Einstellung, um die es hier geht, ist viel spielerischer – sozusagen ein Tanz mit dem Leid und mit der Freude. Irgendwann begreifen wir, daß das Getrenntsein, das wir empfinden, ein albernes Mißverständnis ist. Wir begreifen, daß ursprünglich nichts getrennt ist. Wir erwachen zu dieser Erkenntnis. Grundlage für jedes echte mitfühlende Handeln ist die Einsicht, daß die anderen, die dort draußen zu sein scheinen, so etwas wie Spiegelbilder von uns selbst sind. Indem wir Freundschaft mit uns selbst schließen, schließen wir Freundschaft mit anderen. Indem wir andere verletzen, verletzen wir uns selbst.

Eine andere Losung lautet: »Halte dich stets an die drei grundlegenden Prinzipien.« Das erste grundlegende Prinzip ist, alle Gelübde einzuhalten, die man abgelegt hat – das Zufluchtsgelübde, das man ablegt, um Buddhist zu werden, und die Bodhisattvagelübde, die man später ablegt, um seinen Wunsch auszudrücken, anderen zu helfen. Das zweite grundlegende Prinzip ist, nicht zu prahlen oder sich zügellos zu verhalten. Das dritte ist, stets Geduld zu kultivieren. Das also sind die drei grundlegenden Prinzipien: Die Gelübde einhalten, die man abgelegt hat, sich nicht zügellos verhalten und Geduld kultivieren.

Die Gelübde einhalten, die man abgelegt hat. Das erste grundlegende Prinzip richtet sich besonders an diejenigen unter uns, die die Zufluchtsgelübde und die Bodhisattvagelübde abgelegt haben, aber es kann jedem weiterhelfen, etwas über diese Gelübde zu hören. Mit dem Zufluchtsgelübde erklären wir uns im Grunde zu Flüchtlingen. Das bedeutet, daß wir, statt nach Sicherheit zu streben, die Bereitschaft entwickeln möchten, unbekanntes Land zu betreten. Dieses Gelübde legen wir ab, weil wir glauben, daß wir gesunde und vollständige menschliche Wesen werden können, wenn wir uns nicht mehr so fest an uns selbst klammern. Wir möchten dieser Sache auf den Grund gehen. Wir haben keine Angst mehr vor uns selbst. Wir können Flüchtlinge werden, denn weil wir keine Angst mehr vor uns selbst haben, glauben wir auch nicht mehr, daß wir einen sicheren Ort brauchen, an dem wir uns verstecken können.

Ein anschauliches Bild für das Bodhisattvagelübde könnte lauten: »Keine Angst vor anderen«. Wenn wir das Bodhisattvagelübde ablegen, öffnen wir Fenster und Türen und laden alle fühlenden Wesen als Gäste ein. Wenn wir die Nutzlosigkeit und das Leid erkannt haben, die es mit sich bringt, wenn wir uns immer nur an uns selbst festklammern, möchten wir einen Schritt weitergehen und mit anderen arbeiten.

Wir könnten meinen, daß wir mit anderen arbeiten, weil wir viel gesünder sind als sie und diese Gesundheit weitergeben möchten. Aber die tiefere Einsicht ist, daß wir nur weiterkommen, wenn wir Türen und Fenster öffnen, uns nicht mehr selbst beschützen und mit allem arbeiten, das uns begegnet. Nur so können wir noch weiter erwachen. Das Bestreben, Freundschaft mit sich selbst zu schließen, wird zum Wunsch, anderen zu helfen. Diese Wünsche ergänzen einander. Wir wissen, daß wir anderen nicht helfen können, wenn wir nicht mit uns selbst Freundschaft geschlossen haben.

Sich nicht zügellos verhalten. Das zweite grundlegende Prinzip ist, sich nicht zügellos zu verhalten. Wenn man das Ideal hat, ein Held, ein Helfer oder ein Arzt zu sein, und alle anderen als Verlierer, Patienten, Benachteiligte oder Unterdrückte sieht, hält man das Bewußtsein der Trennung immer weiter aufrecht. Es kann sein, daß für den einen oder anderen dabei mehr Essen oder bessere Wohnverhältnisse herauskommen, und das ist eine gute Sache, solche Dinge sind notwendig. Aber das grundlegende Problem der Vereinzelung, des Hasses und der Aggression wird davon nicht berührt. Es kann auch vorkommen, daß man in seiner Helferrolle pompös und anmaßend wird. Das läßt sich oft im politischen Bereich beobachten. Irgendwelche Leute ziehen eine Riesenschau ab, und plötzlich hat das nichts mehr damit zu tun, daß jemandem wirklich geholfen wird, sondern nur noch damit, daß diese Leute sich ihre Selbstbestätigung verschaffen.

In den siebziger Jahren wurde ein berühmtes Foto gemacht. Man sieht die Nationalgarde, die auf einer Antikriegskundgebung in Reih und Glied mit ihren Gewehren aufmarschiert ist. Eine junge Frau war auf sie zugegangen und hatte eine Blume in einen Gewehrlauf gesteckt. Das Foto erschien in allen Zeitungen. In einem Artikel über den Soldaten, der dieses Gewehr gehalten hatte (und der später ein entschiedener Aktivist in der Friedensbewegung wurde), las ich, daß dieser Soldat sagte, er habe noch niemals zuvor einen so aggressiven Menschen gesehen wie diese junge Frau, die mit ihrer Blume ankam, alle anlächelte und eine Riesenschau abzog. Die meisten dieser jungen Typen in der Nationalgarde fragten sich ohnehin schon, was sie auf dieser Seite des Zauns zu suchen hatten. Und dann kam dieses Blumenkind an. Sie schaute ihm kein einziges Mal in die Augen, sie interessierte sich überhaupt nicht für ihn als Mensch. Es war alles nur Schau, und es tat weh. Das ist auch ein Teil der Bedeutung dieser Losung. Wir müssen uns immer nach den Beweggründen unseres Handelns fragen, besonders, wenn es viel Wirbel macht.

Geduld kultivieren. Bei dem letzten der drei grundlegenden Prinzipien geht es um das Kultivieren von Geduld. Das bedeutet dasselbe wie Kultivieren von Nicht-Aggression. Geduld und Nicht-Aggression sind im Grunde die Fähigkeit zu warten. Manchmal sehe ich Tonglen genauso. Wir befinden uns in einer Situation, in der wir normalerweise zurückschreien, mit Gegenständen werfen oder wieder in den gleichen festgefahrenen Mustern über die Person denken würden, mit der wir zusammen sind. Statt dessen kommen wir auf den Gedanken, uns in den anderen hineinzuversetzen. Das ganze festgefügte Verhältnis von Selbst und anderem ist betroffen, wenn wir Geduld kultivieren. Wir lernen innezuhalten, zu warten, zuzuhören und hinzusehen. Wir lassen uns und anderen Raum – wir lassen die Kamera langsamer laufen und nicht schneller.

Es ähnelt ein wenig dem alten Rat, bis zehn zu zählen, bevor man etwas sagt. Es läßt uns innehalten. Wenn wir Angst oder Wut bekommen, dann beginnt so etwas wie ein natürliches Adrenalin-Prinzip zu wirken. Die Kamera fängt an, schneller zu laufen. Dieses Schnellerwerden kann uns an sich schon in die Gegenwart zurückbringen. Wir können es als Erinnerungshilfe benutzen, um uns zu beruhigen, um zuzuhören, zuzusehen, zu warten und Geduld zu kultivieren.

»Meide vergiftete Nahrung« und »Mache Götter nicht zu Dämonen« erinnern uns daran, daß nur wir selbst wissen, ob das, was wir üben, gute Praxis ist (»Götter« und »gutes Essen«). Alles kann zur Selbstbestätigung dienen oder dazu,

Dinge zurechtzubiegen, abzumildern und alles unter Kontrolle zu halten. Gutes Essen wird zu giftigem Essen, und Götter werden zu Dämonen, wenn man sie benutzt, um in dem Zimmer mit den verschlossenen Türen und Fenstern bleiben zu können.

Eine weitere Losung, bei der es um mitfühlendes Handeln geht, lautet: »Arbeite zuerst an den größten Verblendungen.« Liebende Güte für sich selbst zu entwickeln, ist die Grundlage für den mitfühlenden Austausch und Umgang mit anderen. Und zwar kommt es hier und heute darauf an, nicht irgendwann, morgen oder nächste Woche. Die größte Verblendung ist das, was man selbst als größtes Hindernis ansieht. Die Losung empfiehlt, dort zu beginnen, wo man sich am befangensten fühlt. Wenn wir damit Freundschaft schließen, beginnen wir uns automatisch auch um die kleineren Hindernisse zu kümmern.

Gerade weil die größeren Hindernisse, wie Wut oder Eifersucht, so dramatisch sind, kann ihre Natürlichkeit und Kraft ein Wink sein, Tonglen zu üben. Wir halten die Vielzahl von kleinen Alltagsproblemen für so selbstverständlich, daß wir kaum einmal auf die Idee kommen, damit zu arbeiten. In gewisser Hinsicht sind sie die schlimmsten Hindernisse, weil sie sich nicht als solche zu erkennen geben. Das einzige, woran man feststellen kann, daß eines von ihnen auftritt, ist gerechter Zorn. Gerechter Zorn kann als Anhaltspunkt dienen, daß jemand sich an sich selbst festklammert, und dieser Jemand ist man wahrscheinlich selbst.

Wenn man bei den größten Verblendungen anfängt oder dort, wo man am meisten an sich selbst klebt, werden auch die kleinen Verblendungen leichter erkennbar. Wenn wir jedoch bei den kleinen anfangen, kommen sie uns vor wie die eigenen Hände oder die eigene Nase: Wir halten sie für einen

Teil von uns selbst und kommen gar nicht auf die Idee, sie als Hindernisse zu betrachten. Wir fallen jedesmal wieder darauf herein.

Unsere größten Verblendungen sind auch unsere größte Weisheit. Der ganze unerwünschte Kram hat auch etwas Scharfes und Eindringliches, und darin liegt große Weisheit. Angenommen, jemand betrachtet Wut oder Zorn als sein größtes Hindernis, vielleicht ist es auch Abhängigkeit oder Gier: Daraus entstehen alle möglichen Konflikte, Spannungen und Streß, aber gleichzeitig hat es auch etwas Eindringliches, das die Verwirrung und Täuschung durchschneidet. Es ist beides gleichzeitig.

Wenn jemand feststellt, daß sein größtes Hindernis ist, sich auf sich selbst einzulassen, und es scheint, als gäbe es keinen Ausweg, weil das Hindernis so gewaltig ist, lautet die Anweisung: Steig aus dem Drehbuch aus, hör auf, darum herumzureden, und nimm dieses Gefühl völlig an. Laß die Worte los und kehre zum grundlegenden Wesen der Dinge zurück. Das ist die Erfahrung des Einatmens und die Erfahrung, auf sehr tiefe Weise Freundschaft mit sich selbst zu schließen. Auf diese Weise schließt man Freundschaft mit allen fühlenden Wesen, weil alles Leben darauf beruht. Mit den gröbsten Verunreinigungen zuerst zu arbeiten, besagt, daß man sofort beginnen soll, und daß unsere größten Hindernisse unser größter Reichtum sind. Unter dem Gesichtspunkt, daß man gern behaglich und zurückgezogen in seinem Zimmer sitzen möchte, ist diese Aufgabe extrem bedrohlich. Zum Pfad des mitfühlenden Handelns gehört es, die Erfahrung des Einatmens zu erforschen und zu erproben, ob etwas Wahres daran ist.

18

Verantwortung für das eigene Verhalten übernehmen

Wodurch kann man anderen wirklich helfen? Wie kann man erreichen, daß alles auf spontane und natürliche Weise geschieht? Die nächsten Losungen geben dazu einige Hinweise. Jede enthält das Wort *nicht*. Ich nenne sie gern Losungen der »nackten Wahrheit«.

Wenn wir darüber sprechen, Verantwortung für unser eigenes Verhalten zu übernehmen, sprechen wir auch wieder – auf eine andere Weise – darüber, Bodhicitta zu erwecken. Denn wer Verantwortung für das eigene Verhalten übernehmen will, muß auch fähig sein, sehr klar zu sehen. Verantwortung zu übernehmen, erfordert auch Sanftheit, wozu gehört, daß man nicht urteilt, nicht ständig zwischen Falsch und Richtig, Gut und Schlecht unterscheidet, sondern sich selbst feinfühlig und ehrlich betrachtet. Schließlich gehört dazu auch die Fähigkeit, sich immer weiterzuentwickeln. Das wurde vorhin als Loslassen bezeichnet, aber es kann auf einer ganz persönlichen Ebene auch bedeuten, daß man nie stehenbleibt. Wir dürfen uns nicht von unserer Identität als Verlierer oder Gewinner, als Mißbrauchender oder Mißbrauchter, als netter oder schlechter Mensch überwältigen lassen. Wir sollten unser Verhalten so klar und mitfühlend wie möglich betrachten und dann darüber hinausgehen. Jeder Augenblick ist immer wieder frisch und offen. Wir dürfen nicht in irgendeiner Identität steckenbleiben, welche es auch sein mag.

In einer Karikatur von Gary Larson sieht man zwei Marsmenschen, die sich hinter einem Felsbrocken verstecken. Sie haben an einer Seite des Fußwegs, der vor dem Felsbrocken vorbeiführt, einen Spiegel aufgestellt. Auf dem Weg gehen ein Mann und eine Frau. Der eine Marsmensch sagt zum anderen: »Mal sehen, ob sie ihr eigenes Spiegelbild angreifen.«

Es scheint, als würden wir permanent unser eigenes Spiegelbild angreifen, und normalerweise gehen wir davon aus, daß das Spiegelbild »da draußen« ist. Wir wollen Männer, Frauen, Weiße, Schwarze, Politiker oder die Polizei anklagen, wir wollen *irgendwen* anklagen. Wir neigen dazu, alles nach da draußen zu verlagern, selbst wenn dieses »da draußen« der eigene Körper ist. Anstatt uns *mit* etwas zu beschäftigen, neigen wir dazu, *gegen* etwas zu kämpfen. Das hat zur Folge, daß wir uns entfremden. Wir greifen dann zur falschen Arznei gegen unsere Krankheit, indem wir uns auf die unterschiedlichsten Arten panzern und nicht mehr an unseren empfindlichen Punkt herankommen.

Die Losungen, mit denen wir uns heute beschäftigen werden, präsentieren also den großen Grundentwurf. Die erste Losung lautet: »Sprich nicht über verletzte Glieder.« Mit anderen Worten: Halte dich nicht mit Schwächen auf. Jeder von uns weiß, wieviel Spaß es macht, zusammen am Tisch zu sitzen und über Mortimers Mundgeruch zu philosophieren. Damit nicht genug, außerdem hat er Schuppen und obendrein eine komische Art zu lachen. Außerdem ist er doof. Es gibt uns ein ganz bestimmtes Gefühl von Sicherheit, über die Schwächen anderer zu reden. Manchmal bemänteln wir es und tun so, als täten wir es nicht wirklich. Wir sagen zum Beispiel: »Hallo. Wußtet ihr schon, daß Juanita stiehlt?« Und dann: »Oh, das hätte ich nicht sagen sollen. Entschuldigt, das war wirklich nicht nett von mir, so etwas zu sagen. So etwas werde ich nie wieder sagen.« Wir hätten zwar große Lust, immer weiterzureden, aber statt dessen sagen wir gerade genug, um die Leute gegen Juanita aufzubringen, aber nicht so viel, daß sie uns vorwerfen können, wir wollten Juanita verleumden.

Dann gibt es die Losung: »Denke nicht über die Angelegenheiten anderer nach.« Sie handelt davon, daß wir gern andere heruntermachen, um uns selbst aufzuwerten. Vielleicht tun wir das nur in Gedanken. Wir sprechen so etwas nicht offen aus, weil die Leute das nicht gut finden, aber in Gedanken beschäftigen wir uns viel mit Mortimer: wie sehr wir seine Art, sich zu kleiden, hassen, seinen Gang und seine Angewohnheit, uns eiskalt anzustarren, wenn wir versuchen, ihn anzulächeln. Wir sagen uns: »Jetzt reicht's. Ich nörgle schon vom ersten Tag an Mortimer herum. Jetzt versuche ich, Freundschaft zu schließen.« Aber Mortimer antwortet auf das sonnige falsche Lächeln, das wir ihm präsentieren, nur mit einem eisigen Blick. Also grübeln wir weiter über Mortimers schreckliches Verhalten nach, während wir auf dem Meditationskissen sitzen, und nur sehr selten bezeichnen wir es als »Denken« oder atmen es ein. Wir kommen überhaupt nicht auf den Gedanken, uns einmal in Mortimer hineinzuversetzen, und empfinden garantiert keine Dankbarkeit für ihn.

Die nächste Losung lautet: »Sei nicht so berechenbar.« Manchmal wird sie auch übersetzt: »Sei nicht so zuverlässig.« Das ist eine sehr interessante Losung. Sie weist darauf hin, wie berechenbar wir sind, was jeder, der in der Werbebranche arbeitet, bestätigen kann. Die Werbeleute wissen genau, was sie auf die Plakate und in den Anzeigen schreiben müssen, um uns dazu zu bringen, ihre Produkte zu kaufen. Auch intelligente Menschen wie wir fallen manchmal darauf herein, weil auch wir berechenbar sind.

Hundertprozentig berechenbar sind wir in der Hinsicht, daß wir uns in die entgegengesetzte Richtung davonmachen, wenn wir etwas nicht mögen, und daß wir, wenn wir etwas mögen, viel Zeit und Mühe investieren, um es möglichst mit Haut und Haaren zu verschlingen. Wenn uns jemand etwas Gutes getan hat, erinnern wir uns ständig daran und möchten demjenigen auch etwas Gutes tun. Aber wenn uns jemand verletzt hat, erinnern wir uns auch unser Lebtag daran und wollen es ihm auf irgendeine Weise heimzahlen. Das ist die Bedeutung der Losung »Sei nicht so berechenbar.« Reagiere nicht immer so berechenbar auf Freude und Leid. Hör auf, die falsche Arznei gegen diese Krankheit einzunehmen.

Die nächste Losung ist sehr leicht zu verstehen: »Rede nicht schlecht über andere.« Wir verwenden sehr viel Energie und Zeit auf Klatsch. Vielleicht haben wir Probleme mit jemandem. Vielleicht mit Pearl, die so mitleiderregend ist. Sie fühlt sich immer zurückgesetzt, und das erinnert uns an die eigene Mutter, mit der es dasselbe ist. Irgendwie denken wir bei Pearl immer an unsere Mutter und fühlen uns durch Pearls Jämmerlichkeit beunruhigt und angewidert, weil sie uns innerlich aufwühlt. Wir sind nicht im geringsten daran interessiert, Pearl kennenzulernen und herauszufinden, was mit ihr los ist. Wir haben keinerlei Bedürfnis, mit Pearl zu reden und herauszufinden, wer sie ist. Statt dessen empfinden wir so etwas wie Befriedigung dabei, sie nicht leiden zu können, und investieren viel Zeit und Energie in Selbstgespräche über die jämmerliche Pearl, den schrecklichen Horatio, den üblen Mortimer oder wen auch immer.

Die nächste Losung lautet: »Sei nicht hinterhältig.« Auch das ist eine »nackte Wahrheit«-Losung. Wir haben gelernt, daß man ein netter Mensch sein soll, fühlen uns aber gar nicht so nett. Vielleicht wissen wir etwas über unseren Partner, und er weiß nicht, daß wir es wissen. Wir behalten es in der Hinterhand, um es bei passender Gelegenheit auf ihn loszulassen. Eines Tages stecken wir mitten in einem riesigen Ehekrach und sind voll in Fahrt. Er hat gerade eine richtig schöne Beleidigung abgelassen. Jetzt spielen wir den bis dahin zurückgehaltenen Trumpf aus und geben es ihm so richtig. Das ist hinterhältig. Man ist immer schön geduldig, bis der geeignete Moment gekommen ist, wo man es jemandem so richtig heimzahlen kann. Das ist nicht der Pfad des Kriegers, sondern der Pfad des Feiglings. Nicht nur, daß man unbedingt »gewinnen« will, man ist auch überhaupt nicht bereit, auf den anderen einzugehen. Die Bereitschaft, auf andere einzugehen – zuhören zu können und offenherzig zu sein –, ändert unsere festgefahrenen Verhaltensmuster, und sonst gar nichts.

Die nächste Losung, »Treibe nichts auf die Spitze«, meint teilweise dasselbe. Es geht um feine Nuancen der menschlichen Tragödie, um Nuancen der tragikomischen Situation, in der wir alle uns befinden. »Treibe nichts auf die Spitze« bedeutet auch wieder »Erniedrige niemanden«. Wir tun das alles, weil wir leiden und uns verletzt und einsam fühlen. Anstatt erst einmal Freundschaft mit den eigenen Gefühlen zu schließen und dann, als zweites, zu versuchen, sich darauf einzulassen, lassen wir nichts unversucht, die »Ich und die anderen«-Geschichte immer weiter auszubauen. So entsteht alles Leiden auf der Welt und auch die Tatsache, daß unser Ökosystem völlig verkorkst ist. Das liegt alles daran, daß die Menschen keinen Frieden mit sich selbst schließen und auch nicht bereit sind, mit denen zu reden, die sie für die Störenfriede halten. Und darum bleiben wir Gefangene auf diesem Schlachtfeld.

Die nächste Losung lautet: »Lade einer Kuh nicht die Last eines Ochsen auf.« Einmal angenommen, du bist Juans Chef. Wenn irgend etwas Unangenehmes auftaucht, mit dem du nichts zu tun haben willst, läßt du es von Juan erledigen. Du wälzt die Last auf jemand anderen ab. Das ist wie im griechischen Mythos von Atlas. Der schlenderte nichtsahnend daher, und jemand sagte zu ihm: »Hallo, Atlas, würde es dir was ausmachen, mal kurz den Erdball zu halten?«

Genau das tun wir. Wenn wir etwas nicht mögen, kommen wir nicht auf die Idee, uns auf dieses Gefühl einzulassen und mit dem, der uns dazu auffordert, zu sprechen, um Raum für Verständnis zu schaffen und ehrlich und furchtlos mit der Situation umzugehen. Statt dessen laden wir die Last jemand anderem auf und muten ihm zu, damit fertig zu werden. Das nennt man den Schwarzen Peter weitergeben.

Die nächste Losung lautet: »Handle nicht verdreht.« Das bedeutet: »Sei nicht unredlich«, aber es meint dasselbe wie die Aufforderung, keine giftige Nahrung zu sich zu nehmen oder Götter nicht zu Dämonen zu machen. Wir sind bereit, in aller Öffentlichkeit alle Schuld auf uns zu nehmen, damit es auch jeder mitkriegt, denn wir möchten einen guten Eindruck machen. Wir möchten, daß alle sehen, was für großartige Menschen wir sind: Das ist das »Verdrehte« an der Sache. Oder jemand tut uns Unrecht. Wir versuchen, Lojong anzuwenden, aber es ist ein Haken dabei. Wir sagen nicht: »Verpiß dich, Juanita« oder sonst eine Grobheit. Wir sind durch und durch gütige Menschen, die alle bewundern, aber die Kehrseite ist, daß alle immer wütender auf Juanita werden, weil sie uns Unrecht tut. Es ist, als ob wir Juanita dadurch fertigmachen, daß wir uns wie Heilige aufführen. Das ist mit »verdreht handeln« gemeint. Es gibt viele Möglichkeiten, süße Rache zu nehmen.

»Baue dein Glück nicht auf den Schmerz anderer« bedeutet schließlich, daß man nicht versuchen soll, anderen Schmerz zuzufügen, um sich selbst besser zu fühlen. Wir freuen uns, wenn die Leute, die uns auf die Nerven gehen, vom Lastwagen überfahren werden, Bankrott machen oder ihnen sonst etwas Schlimmes zustößt. Ich selbst kenne ein paar von diesen Nervensägen, und ich beobachte immer wieder, wie sehr es mich erfreut, wenn mir einer von ihnen schreibt, daß es ihm nicht besonders gutgeht. Andererseits will es mir gar nicht schmecken, wenn ich höre, daß es ihnen gutgeht. Ich kann die Kränkung einfach nicht vergessen, die sie mir irgendwann einmal zugefügt haben, und wünschte, es würde mit ihnen ständig nur bergab gehen und sie würden qualvoll verrecken. Auf die Art versuchen wir, unser Glück auf dem Unglück anderer aufzubauen.

Diese Losungen sind eine eigenartige Studie der menschlichen Rasse. Sie zeigen, daß wir sehr sorgsam darauf achten müssen, was wir tun. Erst wenn wir das einsehen, können wir Mitgefühl entwickeln, denn indem man sich selbst erforscht, lernt man die ganze Menschheit kennen. Die Mönchsregeln geben uns einen Einblick in das, was das Leben der ehrwürdigen Mönche und Nonnen zur Zeit Buddhas ausmachte. Es sind Regeln wie: »Bedecke dein Fleisch nicht mit Reis«, damit derjenige, der das Essen austeilt, dir mehr Fleisch gibt, weil er glaubt, du hättest noch keins. Oder: »Belästige deinen Zimmernachbarn nicht«, damit er auszieht und du das Zimmer für dich allein hast. Das sind Regeln, die in der Sprache der Mönche und Nonnen zur Zeit Buddhas abgefaßt sind.

Alle Karikaturen und witzigen Trickfilme sind aus dem gleichen Stoff gemacht wie diese speziellen Losungen. Wenn wir so etwas tun, merken wir es entweder gar nicht oder glauben, wir hätten eine Sünde begangen. Entweder verdrängen wir es dann, oder wir hängen es an die große Glocke: »Ich rede schlecht über andere. Ich bin lebensuntüchtig. Wie schrecklich. Je mehr ich mich selbst erkenne, desto klarer wird es mir. Ich bin und bleibe eine Klatschtante. Ich bin ein hoffnungsloser Fall. O je, o je.« Man kann aber auch einfach zur Kenntnis nehmen, was man tut – nicht nur mit Ehrlichkeit, sondern auch mit Humor –, und dann einfach einen Schritt weitergehen und es nicht zum einzigen Lebensinhalt machen.

Und doch bleibt die Frage: Wenn ich auf meine übelsten Seiten stoße, wenn ich eifersüchtig oder rachsüchtig bin, wie kann ich dann mein Bestes geben? Der erste Schritt besteht darin, in die Erfahrung einzutauchen, daß man sich schlecht fühlt, sich also mit diesem Gefühl anzufreunden. Der zweite Schritt ist, sich auf die Menschen einzulassen, von denen man glaubt, daß sie für dieses Leid und dieses Elend verantwortlich sind – nicht um zu versuchen, ihre Position als falsch und die eigene als richtig hinzustellen, sondern um sich von ganzem Herzen darauf einzulassen. Das ist eine lebenslange Reise, eine sehr tiefgehende Reise. Es geschieht nicht schnell und ist auch nicht leicht.

19

Kommunikation aus ganzem Herzen

Jetzt werden wir mitfühlendes Handeln noch weiter erforschen. Wir neigen sehr stark dazu, uns von unserem Erleben zu distanzieren, weil es weh tut, aber der Dharma ermutigt uns, uns näher an das Erleben heranzuwagen. Obwohl es sehr viele Worte gibt, mit denen man mitfühlendes Handeln beschreiben kann, möchte ich ein Wort ganz besonders betonen, und dieses Wort ist *Kommunikation* – ganz besonders die Kommunikation, die aus ganzem Herzen kommt.

»Alle Tätigkeiten sollten mit einer Absicht ausgeführt werden.« Diese eine Absicht ist das Erwecken von Bodhicitta, das Erwecken des Herzens. Man könnte auch sagen: »Alle Tätigkeiten sollten der Kommunikation dienen.« Das ist ein pragmatischer Vorschlag: Alle Tätigkeiten sollten mit der Absicht getan werden, so zu sprechen, daß andere es hören und verstehen. Man sollte sich nicht so ausdrücken, daß die Leute abschalten und nicht mehr zuhören. Dabei lernt man auch, richtig zuzuhören und richtig hinzusehen.

Zu »Alle Tätigkeiten sollten mit einer Absicht ausgeführt werden« gehört eine weitere, sehr nachdrückliche Losung, die lautet: »Meditiere stets über alles, was Unwillen hervorruft.« Sie drückt keine Verärgerung darüber aus, daß man auf ein Hindernis stößt, sondern dient zur Ermahnung, besser darauf zu hören, wenn man sich verwirrt, unruhig, ängstlich und entmutigt fühlt. Sie ermahnt uns, mit reden aufzuhören, genau hinzuschauen und hinzuhorchen. Sie dient als Mahnung, Tonglen anzuwenden, um Raum zuzulassen.

Wir hassen zum Beispiel die Person, die vor uns steht. Wir wollten einem Hungernden helfen, wieder etwas zu essen zu haben, und sehen uns plötzlich einem Feind gegenüber – einem Bürokraten, einem Politiker – einem von *ihnen*. Alles, was passiert, ist, daß wir immer wütender auf sie werden, also passiert überhaupt nichts. Sie werden immer sturer, je aufgebrachter wir werden und je mehr wir ihnen widersprechen. Ein klotziges *Ich* steht einem klotzigen *Sie* gegenüber.

Wenn wir verärgert sind, bewirkt das, was wir sagen, denken und tun, nicht das, was wir erreichen möchten. Wir sind so aggressiv, daß wir der Welt kein bißchen Frieden und Harmonie hinzufügen. Verärgerung ermahnt uns, uns nicht für schlecht zu halten, sondern uns mehr für den Schmerz und das Unangenehme zu öffnen.

Wenn wir echte Kommunikation wollen, müssen wir darauf verzichten, immer genau wissen zu wollen, wie man sich verhalten muß. Ausgeklügelte Terminpläne blockieren unsere Fähigkeit, den Menschen vor uns wahrzunehmen. Am besten vergessen wir unsere Fünf-Jahres-Pläne und lassen uns auf das unangenehme Gefühl ein, nackt dazustehen, ohne zu wissen, was als nächstes passieren wird, geschweige denn, wie wir uns verhalten sollen.

Die Losung »Halte die drei untrennbar zusammen« bedeutet, daß Handeln, Reden und Denken untrennbar mit dem Bedürfnis verbunden sein sollen, sich von ganzem Herzen einzulassen. Einerseits kann alles, was wir sagen, die Situation weiter zuspitzen und dazu führen, daß wir uns völlig isoliert fühlen. Andererseits kann alles, was wir sagen, denken oder tun, den Wunsch nach Kommunikation unterstützen und uns helfen, dem Mythos von Isolation und Getrenntsein zu entrinnen.

Wenn wir uns ungerecht behandelt fühlen, haben wir normalerweise nur den einen Wunsch: Rache zu nehmen. Die Losung »Berichtige alles Falsche mit einer Absicht« möchte ein wenig Heiterkeit vermitteln, die Situation klären und mehr Raum schaffen. Dieses »eine Absicht« bedeutet, sich in andere hineinzuversetzen. Das ist der Schlüssel. Alles Falsche mit ein und derselben Absicht zu berichtigen, bedeutet, auf das zu hören, was gesagt wird, sein Gegenüber wirklich wahrzunehmen und ertragen zu können, daß man nicht weiß, was man sagen oder tun soll, während man einfach nur beobachtet und abwartet. Irgendwann sagen wir dann doch etwas, weil der andere uns fragt: »Wie denkst du denn nun darüber?« oder »Ich weiß es auch nicht, versuch doch mal, mich von deinem Standpunkt zu überzeugen«, oder unser Gegenüber schreit uns bloß noch an.

Wenn alle es sich zur Lebensaufgabe machen würden, einfach nur richtig kommunizieren zu lernen, könnten wir nicht nur allen Hungernden Nahrung und allen Obdachlosen einen Platz zum Wohnen geben, es würde auch ein grundlegender Wandel stattfinden – es gäbe weniger Aggression auf diesem Planeten und mehr Zusammenarbeit.

Die Menschen *sind* verschieden. Wir unterscheiden uns sehr stark voneinander. Die Vorstellungen des einen über Höflichkeit erscheinen einem anderen als Grobheit. In einigen Kulturen gilt es als unfein, beim Essen zu rülpsen, während es in anderen bedeutet, daß das Essen geschmeckt hat. Was für den einen abstoßend riecht, erscheint einem anderen als wunderbarer Duft. Wir sind wirklich verschieden und müssen das akzeptieren. Aber statt uns wegen unserer Verschiedenheiten zu bekriegen, sollten wir lieber Fußball miteinander spielen. Das wird zwar ein ziemlich sonderbares Spiel werden, mit der Hauptregel, anderen den Sieg zu lassen und die Niederlage auf sich selbst zu nehmen, aber das bedeutet nicht, daß wir spielen, um zu verlieren. Es bedeutet, daß wir spielen, um zu *spielen*. Es bedeutet, daß wir *zusammen* spielen, obwohl wir verschiedenen Teams angehören. Es geht nicht um hohe Einsätze, sondern um das Spiel. Es muß verschiedene Mannschaften geben, sonst macht das Spiel keinen Sinn. Aber es muß nicht zum Dritten Weltkrieg oder zum Untergang des Planeten führen.

Einer meiner liebsten Dharmalehrer ist Dr. Seuss. Er kann die menschliche Natur so wunderbar in Worte fassen. Eine seiner Geschichten beginnt mit zwei Menschen, die auf einer engen Straße aufeinander zugehen. Als sie sich treffen, will keiner zur Seite gehen, damit der andere vorbei kann. Um sie herum werden Brücken und sogar ganze Städte gebaut, und das Leben nimmt seinen Lauf. Nur diese beiden Sturköpfe stehen für alle Zeiten da und rühren sich nicht von der Stelle. Fünfundachtzig Jahre vergehen, und es kommt ihnen nie in den Sinn, sich zu fragen, warum der andere sich weigert, Platz zu machen, oder daß man versuchen könnte, mit dem anderen zu kommunizieren. Auch wenn sie sich die ganzen Jahre über nicht von der Stelle gerührt haben, hätten sie doch eine überaus spannende Diskussion führen können.

Es geht nicht darum, die vollkommene Harmonie anzustreben oder alles schön pflegeleicht zu gestalten. Jemandem, der das will, kann man nur sagen: »Viel Erfolg!« Es geht vielmehr darum, zusammen auf dieser Erde zu leben, mit all unseren Unterschieden, und Kommunikation um ihrer selbst willen zu betreiben. Der Weg ist das Ziel. Wenn man ein Ziel mit aggressiven Mitteln zu erreichen versucht, ändert sich in Wirklichkeit überhaupt nichts.

Von Dr. Seuss gibt es eine weitere Geschichte, die von den Schniefels handelt. Es gibt verschiedene Arten von Schniefels. Die vornehme Art, der jeder gern angehören möchte und die jeder gleichzeitig auch haßt, sind die Sternbauch-

Schniefels. Nur die Sternbauch-Schniefels haben einen Stern auf dem Bauch. Niemand sonst. Eines Tages erkennt ein besonders schlauer Zeitgenosse, wie berechenbar die Schniefels sind, und erfindet eine Maschine, mit der man Sterne auf Bäuche aufdrucken kann. Alle Schniefels *ohne* Stern kommen herbeigelaufen und haben im Nu Sterne auf ihren Bäuchen. Doch die ursprünglichen Sternbauch-Schniefels wissen natürlich immer noch, wer sie sind, und daß sie etwas Besseres sind. Das Ganze ändert ihre Einstellung kein bißchen. Und weil die Schniefels so berechenbar sind und er das alles schon vorausgesehen hat, baut derselbe schlaue Zeitgenosse eine neue Maschine, mit der man Sterne von Bäuchen *entfernen* kann. Er weiß, daß er mit dieser Maschine einen noch größeren Profit aus der Situation schlagen kann. Alle Sternbauch-Schniefels laufen durch diese Maschine hindurch und kommen ohne Stern heraus. Jetzt ist die überlegene Rasse daran zu erkennen, daß sie keinen Stern auf dem Bauch hat.

Der schlaue Zeitgenosse läßt beide Maschinen laufen. Die Schniefels laufen hinein und heraus, und er verdient sich dumm und dämlich, aber zum Schluß erfahren alle Schniefels Shunyata. Sie wissen nicht mehr, wer wer, was was oder wer ein Sternbauch-Schniefel und wer ein Nicht-Sternbauch-Schniefel ist. Darum bleibt ihnen irgendwann nichts anderes mehr übrig, als miteinander zu leben, ohne Bezeichnungen füreinander oder Meinungen übereinander zu haben.

Eine weitere Losung lautet: »Übe dich unvoreingenommen in allen Bereichen. Es ist sehr wichtig, dies immer umfassend und aus ganzem Herzen zu tun.« Unvoreingenommen zu praktizieren, das ist der Trick. Das heißt, ohne Voreingenommenheit zu praktizieren und ohne gleich alles mit Etiketten zu versehen. Genau darum geht es bei der ganzen

Tonglen-Praxis und in den Tonglen-Lehren. Sie ermutigen uns, Voreingenommenheiten bereits in dem Moment zu erkennen, in dem sie entstehen, und – wie schmerzhaft es auch sein mag – Kontakt zu den Vorurteilen, der Wut und den Schuldzuweisungen aufzunehmen. Diese Lehre steckt voller Kraft und Mitgefühl, weil sie unsere Intelligenz und unser angeborenes gutes Herz anspricht. Sie sagt uns nur: »Beginne, darauf zu achten, was du tust. Es ist nicht unbedingt notwendig, daß du etwas änderst. Sieh dir nur an, was du tust.« Das ist der Anfang jeder Veränderung. Wenn es heißt »Übe dich unvoreingenommen«, dann besteht der erste Schritt darin, über die Voreingenommenheit zu meditieren, wenn man bemerkt, daß sie entsteht. Es meint dasselbe wie »Meditiere stets über alles, was Unwillen hervorruft«. So entwickelt man die Fähigkeit, in jeder Situation gewissenhaft und durchdringend zu meditieren.

Oft wird Tonglen genauso gelehrt, wie es diese Losung beschreibt: als Möglichkeit, über alles gewissenhaft und durchdringend zu meditieren. Wir können diese Praxis auf jede Situation anwenden. Wir beginnen bei uns selbst. Dann dehnen wir die Praxis auf Situationen aus, in denen spontanes Mitgefühl auftritt und wir uns in die Lage anderer versetzen, denen wir helfen möchten. Dann gehen wir zu einem etwas schwierigeren Bereich über.

Die Losung besagt, daß man diese Praxis auf jeden ausdehnen und niemanden ausschließen soll. Wir sollten die Praxis auf diejenigen ausdehnen, für die wir nur Neutralität empfinden. Denn das ist wahrscheinlich der verbreitetste Beziehungstyp. Es sind Menschen, die wir nie kennenlernen und für die wir uns noch nicht einmal interessieren. Es sind Menschen, die auf den Bürgersteigen sitzen und kein Zuhause haben und an denen wir ganz schnell vorbeigehen, weil wir ihren Anblick nicht ertragen. Es sind die anderen, die, genau wie wir selbst, ganz schnell weitergehen. Tonglen für diejenigen zu praktizieren, die wir übersehen haben, kann sehr schwierig sein, aber es kann auch das Wertvollste von allem sein – durch die Straßen seines Lebens zu wandern und sich um die Menschen zu kümmern, die man immer übersehen hat, und neugierig auf sie zu werden.

In Situationen, in denen spontanes Mitgefühl entsteht, ist es nicht nötig, alle vier Stufen zu durchlaufen. Es ist völlig in Ordnung, mit der dritten Stufe anzufangen, der Stufe, auf der man das Leid der Situation, mit der man gerade konfrontiert wird, einatmet und etwas Helfendes ausatmet. Es ist nicht nötig, auch die anderen Teile zu machen – absolutes Bodhicitta aufblitzen zu lassen oder mit Schwarz, Schwer und Heiß und Weiß, Leicht und Kühl zu arbeiten. Das kann man im täglichen Leben ruhig weglassen, wenn man Tonglen spontan anwenden will.

Der Schlüssel zum mitfühlenden Handeln ist: Jeder braucht einen Menschen, der für ihn da ist. Der einfach nur da ist.

Eine Freundin von mir hatte schwere Verbrennungen erlitten, die sie stark entstellten. Später konnten ihre Entstellungen durch plastische Chirurgie verringert werden, aber in der Zwischenzeit war ihr Anblick kaum zu ertragen. In dieser Zeit litt sie unter großer Vereinsamung. Die Krankenschwestern platzten in ihr Zimmer, sagten ein paar fröhliche Worte und verschwanden dann, so schnell sie konnten. Die Ärzte kamen hereinmarschiert, machten effektive Therapiepläne und schauten in ihre Krankenblätter, aber sie schauten ihr nicht ins Gesicht. Jeder, der ihr begegnete, hielt sich von ihr fern, weil ihr Anblick zu erschreckend und zu erschütternd war. Das traf sogar auf ihre Familie und Freunde zu. Die Leute riefen zwar aus Höflichkeit hin und wieder an, aber es herrschte die Tendenz vor, sich nicht auf den grauenhaften Anblick dieses entstellten Menschen einzulassen. Schließlich kamen ehrenamtliche Helfer einer Hilfsorganisation. Sie setzten sich zu ihr und hielten ihre Hand. Sie waren einfach nur da. Sie wußten nicht, was sie mit ihr reden sollten oder was sie wirklich brauchte, aber sie hatten keine Angst vor ihr, und sie erkannte, daß das Wichtigste für einen Menschen ist, daß andere keine Angst vor ihm haben und sich nicht von ihm distanzieren.

Genau dazu dient Tonglen: Es hilft uns, uns auf andere Menschen einzulassen und mit ihnen zu kommunizieren. Manchmal muß überhaupt nichts gesagt oder getan werden. In solchen Augenblicken entsteht ganz von selbst die vollkommenste Kommunikation, die es gibt.

Die Praxis geht noch weiter. Wir beginnen beim Selbst, erweitern es dann auf Situationen, in denen Mitgefühl von selbst entsteht, bewegen uns dann noch weiter in den neutralen Bereich hinein und gehen dann zu Feinden über. »Sei jedem dankbar.« Offen gesagt: Vielleicht ist so gut wie niemand in der Lage, Tonglen für einen Feind auszuüben. Schon das Wort *Feind* ist ein Problem, es ist eine Bezeichnung, die emotional sehr stark besetzt ist, mit der sich sehr viel Haß und sehr viel Verwundbarkeit verbindet. Im Grunde muß jeder da beginnen, wo er ist, bei seiner Abscheu oder welchem Gefühl auch immer, und versuchen, den Umfang des Mitgefühls zu erweitern.

Ich habe während meiner eigenen Arbeit mit der Praxis des erwachenden Bodhicittas die Erfahrung gemacht, daß sich der Umfang des Mitgefühls mit einer ihm eigenen Geschwindigkeit auf unvorhersehbare Weise erweitert und daß man dabei nichts erzwingen oder künstlich herbeiführen kann. Man kann dabei absolut nicht schummeln. Aber ich glaube, daß es uns ein klein wenig hilft, ab und zu dennoch ein bißchen zu schummeln, um zu sehen, was passiert, wenn wir versuchen, Tonglen für einen Feind zu machen. Es kann ein großer Ansporn sein, das einfach mal auszuprobieren, um zu sehen, was passiert, wenn der Feind vor uns steht oder wir uns absichtlich unseren Feind in Erinnerung rufen, während wir Tonglen im Meditationsraum praktizieren. Wir sollten uns dabei an die einfache Anweisung halten und uns fragen: »Was wäre nötig, damit ich mit meinem Feind kommunizieren könnte? Was wäre nötig, um meinen Feind dazu zu bringen, sich anzuhören, was ich ihm zu sagen versuche, und was wäre nötig, damit ich mir anhören könnte, was er oder sie mir zu sagen versucht?« Die Essenz von Tonglen besteht darin, aus dem Herzen zu kommunizieren.

Wir können das noch weiter auf alle fühlenden Wesen ausdehnen, was einschließt, daß wir erkennen, wie außerordentlich weitreichend diese Praxis ist. Natürlich könnte man den Ausdruck »alle fühlenden Wesen« auch benutzen, um sich vom Leid zu distanzieren, indem man die unmittelbare, relative Situation abstrakter und weiter weg erscheinen läßt. Jemand hat mir mal allen Ernstes gesagt: »Es fällt mir ziemlich leicht, Tonglen für alle fühlenden Wesen zu praktizieren, aber für meinen Mann schaffe ich es einfach nicht.« Tonglen für alle fühlenden Wesen zu praktizieren, muß nicht heißen, es für sich selbst und die unmittelbare Situation nicht zu praktizieren. Das ist der Punkt, um den es immer wieder geht. Wenn man Kontakt zu seinem eigenen Leid aufnimmt, sollte man sich vergegenwärtigen, daß unzählige Lebewesen in diesem Moment genau dasselbe empfinden. Die individuelle Geschichte, die damit verbunden ist, ist immer wieder anders, aber die Empfindung von Leid ist dieselbe. Wenn wir die Praxis für alle fühlenden Wesen und uns selbst ausüben, beginnen wir zu verstehen, daß das Selbst und die anderen nicht wirklich verschieden sind.

20

In der Zwickmühle

Wenn wir kommunizieren möchten und danach streben, anderen zu helfen – im sozialen Alltag, in der Familie, innerhalb der buddhistischen Gemeinschaft oder wenn wir einfach für Menschen da sein möchten, wenn sie uns brauchen –, geraten wir früher oder später in die berühmte Zwickmühle. Die eigenen Ideale stimmen nicht mit dem überein, was tatsächlich passiert. Wir fühlen uns wie eingeklemmt zwischen den Fingern eines Riesen, die uns langsam zerquetschen. Wir fühlen uns, als würden wir von Felsbrocken erdrückt.

Oft besteht ein Widerspruch zwischen den eigenen Idealen und dem, was man gerade erlebt. Vielleicht haben wir gute Ideen zum Thema Kindererziehung, aber manchmal ist es sehr schwer, die ganzen guten Ideen mit dem tatsächlichen Benehmen der Kinder in Einklang zu bringen, wenn sie sich beispielsweise am Frühstückstisch von Kopf bis Fuß mit Essen einkleckern. Sicher hat auch jeder schon erlebt, wie schwer es beim Meditieren ist, sich von den Emotionen, die gerade hochkommen, nicht völlig überwältigen zu lassen, oder daß es überhaupt nicht leicht ist, Freundlichkeit sich selbst gegenüber zu kultivieren, wenn man sich elend, panisch oder blockiert fühlt.

Es gibt einen Widerspruch zwischen der eigenen Vorstellung und der Situation, wie sie sich selbst darstellt, einen Widerspruch zur Unmittelbarkeit der Situation. Diese Reibung zwischen zwei Dingen – die Spannung zwischen Realität und Vision – zwingt uns, wach zu werden und hundertprozentig freundlich, lebendig und mitfühlend zu sein. Die Zwickmühle ist eine der produktivsten Stationen auf dem spirituellen Pfad und besonders auf der Reise zur Erweckung des Herzens. Es ist gut, darüber zu reden, denn wann immer wir hineingeraten, möchten wir normalerweise sofort wegrennen. Manchmal denken wir sogar daran, ganz aufzugeben. Wir fühlen uns wie ausgebrannt. Es ist ein extrem unangenehmes Gefühl, dem man nicht ausweichen kann. Es ist ein Gefühl, als hätte sich ein Hund in unserem Arm verbissen, und wir könnten ihn einfach nicht abschütteln. Zeiten in der Zwickmühle sind Krisenzeiten. Wir möchten wach werden und helfen, und gleichzeitig scheint nichts so zu laufen, wie wir es gern hätten. Die Situation, in der wir stecken, kommt uns unerträglich vor, und gleichzeitig gelingt es uns nicht, sie zu ändern. In der Zwickmühle zu stecken, ist erniedrigend, gleichzeitig aber bringt es kraftvolle Einsichten. Das ist das Interessante daran: Es macht uns sanft und öffnet neue Perspektiven.

Durch unsere Meditationspraxis lernen wir, nichts abzulehnen und nichts festzuhalten. Es ist das gleiche Paradox, mit dem wir auch im normalen Leben konfrontiert werden. Es geht nicht so sehr darum, ob man etwas ablehnt oder nicht, sondern darum, daß man manchmal keines von beiden tun kann oder beides gleichzeitig macht.

Einmal bekam ich eine Einladung, bei einem bestimmten Anlaß zusammen mit dem Sawang, dem ältesten Sohn von Trungpa Rinpoche, zu lehren. Es war nicht ganz klar, welchen Status ich dabei haben würde. Bei manchen Anlässen wurde ich wie eine hochgestellte Persönlichkeit behandelt, betrat den Raum durch einen besonderen Eingang und saß auf einem besonderen Platz. Also dachte ich: »Okay, ich bin ein großes Tier.« Ich gewöhnte mich an diese Vorstellung und entwickelte entsprechend gewichtige Ansichten darüber, wie alles ablaufen sollte. Aber plötzlich bekam ich zu hören: »Nein, nein, nein. Du sollst einfach auf dem Boden sitzen wie alle anderen auch und eine ganz normale Teilnehmerin sein.« Na gut. Jetzt hieß es also, daß ich ganz gewöhnlich wäre und mir nicht einbilden sollte, ich sei etwas Besonderes oder der Lehrer. Aber als ich mich gerade daran gewöhnt hatte, nichts Besonderes zu sein, wurde ich gebeten, irgend etwas Spezielles zu machen, das nur hochgestellten Persönlichkeiten zukommt. Das war eine schmerzhafte Erfahrung für mich, denn ich wurde dauernd von meinen eigenen Erwartungen bloßgestellt und erniedrigt. Jedesmal, wenn ich zu wissen glaubte, woran ich war, und mich einigermaßen sicher fühlte, wurde mir mitgeteilt, daß alles ganz anders zu sein hatte.

Schließlich sagte ich zum Sawang: »Also das ist wirklich hart für mich. Ich weiß überhaupt nicht mehr, wer ich sein soll.« Er sagte: »Tja, du mußt eben lernen, gleichzeitig groß und klein zu sein.« Ich glaube, genau das ist es. Man macht es sich zu bequem, wenn man immer nur entweder groß *oder* klein, entweder richtig *oder* falsch ist.

Obwohl wir meinen, daß ›falsch‹ etwas Schlechtes ist, kann es eine bequeme Haltung sein, zu glauben, man würde etwas falsch machen. *Jede* feste Meinung, die wir über uns selbst haben, erfüllt ihren Zweck. Wir wollen eine Meinung haben, an der wir uns festhalten können, egal ob wir uns für Gewinner oder Verlierer halten, für ein großes Tier oder für Lieschen Müller von nebenan. Aber wenn wir kommunizieren und unser Herz wirklich öffnen wollen, geraten wir früher oder später in die Zwickmühle, in der wir es nicht aushalten und aus der wir nicht herauskommen. Dann stecken wir in der saftigen und fruchtbaren Situation, gleichzeitig groß und klein zu sein.

Das Leben ist großartig, und es ist elend. Es ist beides. Die großartigen Aspekte des Lebens beflügeln uns, sie spornen an, heitern auf, eröffnen Perspektiven und machen Mut. Wir fühlen uns mitgerissen und stark, am Puls des Lebens. Aber wenn wir nicht aufpassen, werden wir arrogant und fangen an, auf andere herabzublicken, und es geht uns nur noch darum, uns selbst hochzustilisieren und das alles furchtbar ernst zu nehmen. Wir möchten, daß es immer so bleibt. Die Großartigkeit wird von Begierde und Sucht durchsetzt.

Mit dem Elend – dem leidvollen Aspekt des Lebens – ist es anders. Es macht uns sanfter. Zu wissen, was Leid ist, ist eine ganz wichtige Voraussetzung, um für jemand anderen da zu sein. Wenn wir selbst viel Kummer haben, können wir anderen direkt in die Augen sehen, weil wir wissen, daß wir nichts zu verlieren haben – wir sind einfach nur da. Das Elend holt uns vom hohen Roß herunter und macht uns sanfter. Aber wenn wir uns nur noch elend fühlten, würden wir zugrunde gehen. Wir wären so depressiv, entmutigt und ohne jede Hoffnung, daß wir noch nicht einmal mehr die Kraft hätten, einen Apfel zu essen. Großartigkeit und Elend brauchen einander. Die eine beflügelt, das andere macht sanfter. Sie gehören zusammen.

Die Losungen, um die es heute geht, sind Anweisungen für die Kommunikation aus ganzem Herzen. Die Betonung liegt darauf, wie man sein Herz für die Saftigkeit und Reichhaltigkeit der Zwickmühle offenhält. Eine der Losungen lautet: »Welche von den beiden auch geschehen mag, sei geduldig.« Egal, ob es großartig oder elend, entzückend oder abscheulich ist, sei geduldig. Geduld bedeutet, daß wir den Dingen erlauben, sich in ihrem eigenen Tempo zu entfalten, statt sofort in unserer gewohnheitsmäßigen Art auf Leid oder Freude zu reagieren. Das wahre Glück, das sowohl der Großartigkeit als auch dem Elend zugrunde liegt, übersehen und vergeuden wir oft, weil wir in einer Kurzschlußhandlung zu schnell in immer dieselben Verhaltensmuster verfallen.

Geduld kann man nicht lernen, wenn man sich sicher fühlt. Man kann sie nicht lernen, wenn alles harmonisch ist und gut funktioniert. Wozu brauchen wir Geduld, wenn alles glatt läuft? Wenn wir in unserem Zimmer sitzen, die Tür schließen und die Vorhänge zuziehen, mag uns alles harmonisch erscheinen. Aber sobald irgend etwas schiefläuft, gehen wir an die Decke. Wir können keine Geduld kultivieren, wenn es unser Verhaltensmuster ist, immer Harmonie zu suchen und ständig die Wogen glätten zu wollen. Geduld setzt die Bereitschaft zum Lebendigsein voraus und nicht die Sucht, dauernd alles harmonisieren zu wollen.

Ein für seine Selbstdisziplin berühmter Einsiedler hatte seit zwanzig Jahren in einer Höhle praktiziert. Ein eigenwilliger Lehrer namens Patrul Rinpoche suchte die Höhle auf, und der Einsiedler begrüßte ihn demütig und überfreundlich. Patrul Rinpoche sagte: »Sag mir, was hast du in dieser Höhle gemacht?« »Ich habe mich in vollkommener Geduld geübt«, antwortete der Einsiedler. Indem er sein Gesicht ganz nah an das Gesicht des Einsiedlers heranbrachte, sagte Patrul Rinpoche: »Aber zwei so ausgebuffte Schurken wie wir geben doch nicht wirklich etwas auf Geduld. Wir machen das doch bloß, damit jeder uns bewundert. Wir machen das doch bloß, damit alle glauben, wir wären die großen Könner, nicht wahr?« Der Einsiedler wurde langsam unruhig. Aber Patrul Rinpoche ließ nicht locker. Lachend klopfte er dem Einsiedler auf die Schulter und sagte: »Nicht wahr, wir wissen, wie man Leute an der Nase herumführt? Wir haben den Dreh raus. Ich möchte wetten, daß sie dir jede Menge Geschenke bringen, oder etwa nicht?« An dieser Stelle sprang der Einsiedler auf und schrie: »Was willst du hier? Warum quälst du mich? Verschwinde und laß mich in Frieden!« Da sagte der Rinpoche: »Und wo bleibt jetzt deine vollkommene Geduld?« Das ist also das Entscheidende. Man kann sich eine ideale Situation schaffen, in der man mit sich selbst überaus zufrieden sein kann, aber wie verhält man sich, wenn man in die Zwickmühle gerät?

Die nächste Losung lautet: »Laß dich nicht durch äußere Umstände beeinflussen.« Wenn wir etwas Großartiges oder auch nur einigermaßen Schönes sehen, sagen wir: »O ja, das will ich haben.« Wenn es sich um etwas Erbärmliches oder auch nur leicht Beunruhigendes handelt, sagen wir: »Damit will ich nichts zu tun haben!« Die Losung spricht davon, daß die Anfechtungen nie aufhören und daß, wenn man sein Herz offenhalten möchte, die Anfechtungen schnell zunehmen, statt abzunehmen. Harmonie mag uns dann fast unerreichbar erscheinen.

Damit wir nicht zu hart gegen uns selbst sind, wenn wir uns von äußeren Umständen beeinflussen lassen, sollten wir immer an die Geschichte des Shakyamuni Buddha denken. Kurz bevor er zur Erleuchtung gelangte, traten alle äußeren Umstände in Form von Töchtern des Mara an ihn heran, um ihn zu beeinflussen. (Mara symbolisiert die verschiedenen Arten, wie wir versuchen, woanders zu sein, als wir gerade sind.)

Kurz vor seiner Erleuchtung kamen dem Buddha alle Arten von Gedanken. Es schien, als käme jede Anfechtung, über die in den Büchern geschrieben steht, jetzt hervor. Aber an diesem Abend war etwas anders als sonst: Der Buddha blieb einfach in seiner Sitzhaltung, öffnete sein Herz für alles, was passierte, machte sich nicht zu und war voll da. Damit wir nicht zu hart gegen uns selbst sind, sollten wir daran denken, daß die totale Erfahrung des Zustands, in dem wir nicht von äußeren Umständen beeinflußt werden, Erleuchtung heißt.

Die nächste Losung lautet: »Sei nicht wankelmütig.« Das hat ziemlich viel damit zu tun, sich nicht durch äußere Umstände beeinflussen zu lassen. Wir halten unser Herz offen, was immer auch geschieht. Noch grundsätzlicher kann man Sich-Zumachen oder Sich-Dichtmachen als Gelegenheit begreifen, um wach zu werden. Wenn wir aus dem Konzept geraten, sobald es unangenehm oder schön wird, sollten wir das nächste Mal die Gelegenheit wahrnehmen, um Lojong zu praktizieren. Es gibt gute Anweisungen, wie man mit Leid umgeht. Man soll es einatmen, vertrauter damit werden und Freundschaft damit schließen. Es gibt auch gute Anweisungen, wie man mit Freude umgeht. Man sendet sie aus und gibt das weg, was man am wenigsten verlieren möchte. Auf diese Weise lernen wir das Leid anderer kennen und lernen, anderen zu wünschen, daß sie glücklich werden. Wir lernen, Glück und Freude in unserem eigenen Leben nicht als Probleme zu betrachten, sondern als Hilfsmittel, um anderen Gutes zu tun.

Die nächste Losung lautet: »Erwarte keinen Beifall.« Das bedeutet: »Erwarte keine Dankbarkeit.« Wenn wir die Tür aufmachen und alle fühlenden Wesen als Gäste einladen und auch die Fenster öffnen, und wenn sogar die Wände einzustürzen beginnen, dann befinden wir uns plötzlich in einem Universum, in dem es überhaupt keinen Schutz gibt. Wenn wir aber glauben, schon allein dadurch würden wir uns gut fühlen und es würde uns von allen Seiten gedankt werden, dann irren wir uns, denn das passiert nicht. Es hilft uns mehr, das Unerwartete willkommen zu heißen, als Dank zu erwarten. Dann sind wir nämlich neugierig und wißbegierig auf das, was zur Tür hereinkommt. Erst wenn wir nicht mehr erwarten, irgend etwas zurückzubekommen, können wir unser Herz für andere öffnen. Wir tun es nur um unserer selbst willen. Es ist gut, anderen Dankbarkeit zu zeigen. Aber wenn wir es tun, weil wir wollen, daß die anderen uns mögen, dann sollten wir an diese Losung denken. Wir können anderen Dankbarkeit zeigen, aber wir müssen jede Hoffnung aufgeben, Dankbarkeit zurückzuerhalten. Man läßt die Tür einfach offen, ohne irgendwelche Erwartungen.

Es gibt eine weitere Losung, die lautet: »Interpretiere nicht falsch.« Wir sollen kein falsches Harmonieverständnis aufkommen lassen und auch kein falsches Verständnis darüber, was Mitgefühl, Geduld und Großzügigkeit bedeuten. Wir dürfen diese Dinge nicht falsch interpretieren. Es gibt Mitgefühl, und es gibt *idiotisches* Mitgefühl. Es gibt Geduld, und es gibt *idiotische* Geduld. Es gibt Großzügigkeit, und es gibt *idiotische* Großzügigkeit. Wenn wir zum Beispiel versuchen, alles schön pflegeleicht zu gestalten, damit es bloß keine Auseinandersetzungen gibt und wir nirgendwo anecken, dann hat das nichts mit Mitgefühl oder Geduld zu tun. Das nennt man Kontrolle.

Wir sind nicht bereit, unbekanntes Gebiet zu betreten, wo wir uns fast nackt und ziemlich schutzlos und deswegen näher an der Realität fühlen. Statt dessen bedienen wir uns idiotischer Formen von Mitgefühl und anderem, um nur nicht den Boden unter den Füßen zu verlieren. Wenn wir die Tür öffnen und alle fühlenden Wesen als Gäste einladen, müssen wir uns von unserem Terminkalender verabschieden. Es kommen die unterschiedlichsten Leute reinspaziert. Jedesmal, wenn wir glauben, wir hätten uns ein schönes System zurechtgelegt, das funktioniert, funktioniert es nicht. Es hat Juan wunderbar weitergeholfen, aber als wir es an Mortimer ausprobiert haben, schaute er uns an, als hätten wir nicht alle Tassen im Schrank, und als wir es bei Juanita versuchten, fühlte sie sich beleidigt.

Patentrezepte gehen immer daneben. Wenn wir alle fühlenden Wesen als Gäste einladen und nur Harmonie zulassen wollen, stellen wir früher oder später fest, daß sich einer der Gäste furchtbar danebenbenimmt und es überhaupt nichts nützt, heiter dazusitzen, Tonglen zu praktizieren und Harmonie zu kultivieren.

Also sagen wir uns: »Okay, dann schließe ich eben mit der Tatsache Freundschaft, daß mir etwas weh tut, daß ich Angst habe und daß es wirklich scheußlich ist.« Aber wir versuchen nur, den Konflikten auszuweichen, wir wollen vermeiden, daß alles noch schlimmer wird. Schließlich benehmen sich alle Gäste daneben. Wir arbeiten den ganzen Tag hart, und sie sitzen herum, rauchen Zigaretten, trinken Bier, essen uns das Essen weg und hauen uns zuletzt eins über die Rübe. Wir halten uns für einen Krieger und Bodhisattva, weil wir nichts tun und nichts sagen, aber in Wirklichkeit ist da nur ein Feigling, der Angst hat, es könnte noch schlimmer werden. Schließlich schmeißen sie uns aus dem Haus, und wir sitzen auf der Straße. Jemand kommt vorbei und fragt »Was sitzt du hier herum?«, und wir antworten: »Ich praktiziere Geduld und Mitgefühl.« So geht es nicht.

Auch wenn wir unseren Terminkalender weggeworfen haben, auch wenn wir versuchen, *mit* den Situationen zu arbeiten, statt *gegen* sie anzukämpfen, müssen wir manchmal sagen: »Du kannst hier über Nacht bleiben. Aber morgen gehst du, und wenn du nicht verschwindest, rufe ich die Polizei.« Auch wenn wir nicht wirklich wissen können, was gut für einen anderen ist, hilft es niemandem, wenn wir ihm erlauben, uns eins über die Rübe zu hauen, unser ganzes Essen wegzuessen und uns auf die Straße zu werfen.

Daher trifft »Interpretiere nicht falsch« genau die Situation der Zwickmühle. Es bedeutet, daß wir mit Klarheit und Entschlossenheit sprechen müssen, auch wenn wir nicht genau wissen, was wir tun müssen, um zu helfen. Klarheit und Entschlossenheit entstehen aus der Bereitschaft, sich zu bremsen und genau zuzuhören und hinzusehen, was geschieht. Sie entstehen dadurch, daß wir unser Herz öffnen und nicht weglaufen. Dann sind unsere Taten und unsere Worte im Einklang mit dem, was getan werden muß, für uns selbst und für andere.

Wir machen viele Fehler. Wenn wir Menschen, die wir für weise und mutig halten, nach ihrem Leben fragen, stellt sich vielleicht heraus, daß sie viele Menschen verletzt und viele Fehler gemacht haben, aber sie haben diese Begebenheiten als Chance genutzt, sich selbst in Frage zu stellen und ihre Herzen zu öffnen. Man wird nicht davon weise, daß man in einem Zimmer sitzt, dessen Türen und Fenster verschlossen sind.

»Übe dich in den drei Schwierigkeiten« ist meine Lieblingslosung, weil sie davon handelt, daß es ein schwieriger Pfad ist. Ja, das ist es, aber es ist eine gute Art, seine Zeit zu verbringen. Es gibt drei Schwierigkeiten. Die erste ist *Neurose als Neurose zu erkennen*, die zweite ist *bereit sein, etwas anderes zu tun*, und die dritte ist das *Bestreben, dies zu seinem Lebensstil zu machen.*

Neurose als Neurose erkennen. Die erste Schwierigkeit besteht darin, zu erkennen, was man tut. Dazu gehört eine Losung, die lautet: »Befreie dich selbst durch Untersuchen und Analysieren.« Das ist eine interessante Sache: fähig sein zu erkennen, was man tut, ohne sich selbst zu hassen. Das könnte auch eine Beschreibung von *Maitri* sein – von liebender Güte. Wir sollten unser Handeln ehrlich, aber mit Sanftmut betrachten. Wir sollten erkennen, was wir tun, und uns klarmachen, daß das die erste Begegnung mit der Zwickmühle ist. Es ist der Pfad des Kriegers, der erkennt, was er tut, ohne diese Erkenntnis gegen sich zu verwenden.

Genau wie die Losungen »Sei nicht eifersüchtig«, »Sei nicht leichtfertig« und »Schwelge nicht in Selbstmitleid« bedeutet diese Losung von der Selbstbefreiung durch Untersuchen und Analysieren ganz einfach, daß der erste Schritt darin besteht, sich selbst als eifersüchtig, leichtfertig und in Mitgefühl schwelgend zu *erkennen*. Statt diese Erkenntnis als Munition gegen uns selbst zu verwenden, könnten wir anschließend klar im Kopf werden und erkennen, daß das genau die Information ist, die wir brauchen, um unser Herz offenzuhalten. Wenn jeder Mensch auf diesem Planeten die Erfahrung machen könnte, wie es sich anfühlt, wenn man das eigene Handeln mit Sanftmut betrachtet, würde sich sehr schnell alles ändern, sogar ohne daß wir uns überhaupt mit der zweiten Schwierigkeit befaßt haben.

Etwas anderes tun. Die zweite Schwierigkeit ist, etwas anderes zu tun. Selbst wenn man erkennt, was man tut, kann man dann etwas anderes tun? Kann man, wenn man eifersüchtig ist, einfach mit den Fingern schnippen, und schon ist man nicht mehr eifersüchtig? Jeder von uns weiß: So einfach ist es nicht. Du sitzt da, dein Freund sitzt mit einer anderen am anderen Ende des Raums und amüsiert sich prächtig, und du wirst von Minute zu Minute eifersüchtiger und wütender. Ein kleiner Vogel sitzt auf deiner Schulter und sagt: »Okay, das ist deine große Chance. Du kannst es nutzen, um wach zu werden.« Und du sagst: »Vergiß es! Er ist ein echtes Schwein. Ich will ihn so richtig hassen. Er hat es verdient.« Jetzt hüpft der kleine Vogel auf und ab und sagt: »Hey, hey, hey! Erinnerst du dich nicht? Erinnerst du dich nicht?« Und du sagst: »Ich glaub' nicht an den Kram. Ich habe recht, wenn ich eifersüchtig bin. Er ist ein echtes Ekel.« Und basta. Der kleine Vogel springt auf die andere Schulter, zupft dich am Ohrläppchen und sagt: »Komm schon, komm schon! Gib dir einen Ruck. Nimm es ernst. Steig aus dem Drehbuch aus.« »Vergiß es!« sagst du. Junge, Junge, bist du stur.

So geht es mir jedenfalls. Auch wenn wir die Methode kennen, wie man sich selbst einen Ruck gibt, sind wir schrecklich stur. Wenn es uns schwerfällt, uns das Rauchen abzugewöhnen, können wir auch mal versuchen, unsere gewohnten Verhaltensmuster aufzugeben. Wir haben dabei dasselbe eklige Gefühl wie bei jedem Versuch, uns irgendeine Sucht abzugewöhnen.

Die übliche Reaktion auf klare Selbsterkenntnis besteht also nicht darin, sich »durch Untersuchen und Analysieren« selbst zu befreien, sondern darin, die falsche Medizin zu sich zu nehmen: Wir heizen die Eifersucht an, schwelgen immer mehr in Selbstmitleid und steigern unsere Leichtfertigkeit. Normalerweise erreicht man das durch Selbstgespräche. Es ist wie ein Blasebalg, der ein Feuer anfacht. Du sitzt herum und hast die Phantasievorstellung, daß dein Freund die Party mit deiner Freundin verläßt. Oder du redest dir ein, wie hoffnungslos alles ist, daß du dich immer so fühlst, und daß es nie anders sein wird.

Mach was anderes, zum Beispiel Tonglen. *Alles* andere kann helfen, alles, was ungewohnt ist. Du könntest zum Beispiel nach oben gehen, kalt duschen und mit ganz hoher Kopfstimme singen oder ein Glas Wasser trinken und dir dabei die Nase zuhalten, so wie man es macht, wenn man einen Schluckauf loswerden will.

Dabei bleiben. Wenn wir erkannt haben, was wir tun, und sogar, wenn wir bereits etwas anderes tun, besteht die dritte Schwierigkeit darin, dabei zu bleiben, es sich zur Lebenseinstellung zu machen, gewohnte Verhaltensmuster durchzuschneiden. Wenn wir also merken, daß wir in irgendein gewohntes Verhaltensmuster verfallen, sollten wir danach streben, uns zu fangen und etwas anderes zu tun, um so Mitgefühl für uns selbst und die anderen zu kultivieren. Wir sollten uns jedoch nicht wundern oder gar aufgeben, wenn es nicht leicht ist.

Eine Losung, die zum Praktizieren der drei Schwierigkeiten ermutigt, lautet: »Zwei Handlungen: eine am Anfang – eine am Ende.« Am Morgen, gleich nach dem Aufwachen, sollten wir unser Bestreben in Worte fassen: »Ich möchte die drei Schwierigkeiten praktizieren. Ich möchte erkennen, was ich tue. Wenn es passiert, möchte ich etwas anderes tun, und ich möchte, daß dies zu meiner Lebenseinstellung wird.« Wenn der Tag beginnt, können wir uns in unseren eigenen Worten anspornen, unser Herz offenzuhalten und neugierig zu bleiben, in welche schwierigen Situationen wir auch kommen mögen. Am Ende des Tages, bevor wir schlafengehen, sollten wir den Tag noch einmal an uns vorüberziehen lassen. Anstatt das Geschehene als Munition gegen uns selbst zu verwenden und uns selbst damit fertigzumachen, daß der ganze Tag vergangen ist und wir kein einziges Mal an das gedacht haben, was wir uns am Morgen vorgenommen hatten, nutzen wir einfach die Gelegenheit, uns selbst und die ganzen ulkigen Tricks besser kennenzulernen, mit denen wir uns hinters Licht führen, die ganzen tollen Tricks, die wir draufhaben, um uns abzugrenzen oder dichtzumachen. Wenn wir keine Lust mehr haben, die drei Schwierigkeiten weiter zu praktizieren, weil wir uns wie Versager vorkommen, sollten wir ein liebendes Herz für uns selbst haben. Über alles nachzudenken, was man an nur einem einzigen Tag getan hat, kann eine sehr schmerzhafte Erfahrung sein, aber zu guter Letzt könnte dabei mehr Respekt vor sich selbst herauskommen, weil man erkennt, daß viel passiert ist: »Es war nicht alles gleich, und ich war nicht immer derselbe.« So wie Carl Gustav Jung am Ende seines Lebens sagte: »Ich bin erstaunt, überrascht und erfreut über mich selbst. Ich bin unglücklich, niedergeschlagen und entzückt. Ich bin alles zugleich und kann nicht die Summe daraus ziehen.«

Das also ist die Zwickmühle. Obwohl wir uns all die Lehren anhören und die Praxis als Hilfestellung haben, muß das alles erst Realität für uns werden. Wir müssen es erst verdauen. Lehren und Praxis sind wie Orangensaftkonzentrat aus der Dose, und das Leben ist wie Wasser. Man muß sie erst miteinander vermischen. Dann erhält man guten Orangensaft, den man in einer großen Kanne allen auftischen kann. Und obwohl er aus der Dose kommt, weiß man, daß er wirklich frisch gepreßt ist.

21

Praxis mit hohem Einsatz

Pogo sagte: »Wir sind auf den Feind gestoßen, und er ist wir selbst.« Diese besondere Losung hört man oft aus den Reihen der Umweltschützer. Die Flüsse werden nicht von jemand anderem verschmutzt, sondern von uns selbst. Die Ursache von Verwirrung und Bestürzung, von Verschmutzung und Gewalt ist nicht wirklich das Problem anderer: Es ist ein Problem, dem wir in uns selbst begegnen. Aber dazu müssen wir begreifen, daß *wir* auf den Freund gestoßen sind, und er ist wir selbst. Je mehr man mit sich selbst Freundschaft schließt, desto besser begreift man, daß das ganze Abschotten und Sich-Dichtmachen auf der falschen Annahme beruht, man würde glücklich, indem man andere beschuldigt.

Es ist ein bißchen unklar, wer »wir« und wer »sie« sind. Bernard Glassman Sensei, der viel mit Obdachlosen in New York gearbeitet hat, sagte, daß er nicht mit Obdachlosen arbeitet, weil er so ein dufter Typ ist, sondern weil die Arbeit in Gesellschaftsschichten, die er selbst ablehnt, für ihn die einzige Möglichkeit ist, Freundschaft mit den von ihm abgelehnten Anteilen seines Selbst zu schließen. Es steht alles miteinander im Zusammenhang.

Wir arbeiten an uns, um anderen zu helfen, und wir helfen anderen, um an uns selbst zu arbeiten. Das ist ein sehr wichtiger Punkt. Man kann sagen, daß die Arbeit mit anderen Maitri-Praxis mit hohem Einsatz ist, denn wenn wir mit anderen arbeiten, scheint alles darauf hinauszulaufen, daß sie uns irgendwann auf die Nerven gehen. Wenn wir uns von ganzem Herzen wünschen, für andere da zu sein, ohne jemanden oder etwas aus unserem Herzen auszuschließen, wird unser nettes kleines gütiges und mitfühlendes Selbstbild komplett weggepustet. Wir werden dauernd auf die Probe gestellt und zu Wettkämpfen herausgefordert. Je mehr wir bereit sind, unser Herz zu öffnen, desto mehr Herausforderungen kommen auf uns zu, und wir fühlen uns versucht, es zu verschließen.

Wir können diese Arbeit nicht in einer Sicherheitszone machen. Wir müssen auf den Marktplatz gehen und ein Leben wie alle anderen führen, aber mit der besonderen Zutat, daß wir nichts aus unserem Herzen ausschließen wollen. Maitri – liebevolle Güte – muß sehr tief gehen, denn wenn wir sie praktizieren, erkennen wir alles über uns selbst. Jedesmal, wenn unsere Knöpfe gedrückt werden, ist es, als ob wir unser Gesicht in einem großen Spiegel sehen würden, und wie die böse Stiefmutter in »Schneewittchen und die Sieben Zwerge« möchten wir, daß der Spiegel uns das sagt, was wir hören wollen. Er kann ruhig auch sagen, daß wir nicht gut oder egoistisch sind. Irgendwie schaffen wir es dann trotzdem, selbst die Erkenntnis der eigenen Unvollkommenheit zu verwenden, um uns ein Gefühl von Selbstzufriedenheit zu verschaffen.

Was wir nicht wollen, ist eine *unvorhergesehene* Antwort des Spiegels. Wir wollen nicht nackt und ungeschützt dastehen. Wir haben blinde Flecken und verwenden sehr viel Energie darauf, daß sie blind bleiben. Eines Tages ging die böse Stiefmutter zum Spiegel und sagte: »Spieglein, Spieglein an der Wand, wer ist die Schönste im ganzen Land?«, und statt zu sagen »Ihr, Frau Königin«, sagte der Spiegel »Schneewittchen«. Und genau wie wir wollte die böse Stiefmutter das nicht hören. Dennoch sind wir uns alle darüber einig, daß es keinen Grund gibt, den Spiegel dafür zu beschuldigen, daß er uns unser eigenes Gesicht zeigt, und es gibt ganz bestimmt keinen Grund, den Spiegel zu zerbrechen.

Ich kannte mal eine echte Powerfrau, die es immer schaffte, daß alles nach ihrer Pfeife tanzte. Wollte man ihr Leben in ein Bild fassen, müßte man erzählen, daß in ihrem Badezimmer eine Waage stand, die sie so verstellt hatte, daß sie immer genau das Gewicht anzeigte, das sie haben wollte. Wenn wir in den Spiegel schauen und feststellen, daß wir einen Riesenpickel auf der Nasenspitze haben, könnten wir versuchen, ihn nicht einfach zu übersehen, sondern uns darauf einzulassen, vor Schreck zusammenzuzucken und das peinliche Gefühl zuzulassen. Aber dennoch könnten wir dann einfach zur Tagesordnung übergehen. Wenn dann ein fünfjähriger Rotzlöffel auf uns zugeflitzt kommt und kräht: »Tante, du hast einen Riesenpickel auf der Nasenspitze!«, könnten wir einfach sagen: »Ich weiß.« Wenn wir versuchen, den Pickel mit Puder oder einem Pflästerchen abzudecken, sind wir schockiert und beleidigt, wenn sich herausstellt, daß ihn trotzdem jeder sieht.

Die Tendenz, sich auf sich selbst zurückzuziehen und sich selbst zu schützen, ist sehr stark und durchdringt alles. Eine einfache Methode, diese Tendenz umzukehren, besteht darin, Neugier und Interesse für alles zu entwickeln. Das ist ein anderer Ausdruck dafür, anderen zu helfen, aber dieser Prozeß hilft uns natürlich auch selbst. Der ganze Pfad scheint darin zu bestehen, Neugier zu entwickeln, und darin, sich umzuschauen und sich für alle Einzelheiten seines Lebens und seiner unmittelbaren Umgebung zu interessieren.

Wenn wir in eine Situation geraten, die uns herausfordert, können wir uns dafür entscheiden, zu unterdrücken oder auszuagieren, oder wir entscheiden uns zu praktizieren. Wenn wir anfangen, den Austausch zu praktizieren, und mit der Absicht einatmen, unser Herz für die Peinlichkeit, die Angst oder die Wut zu öffnen, die wir empfinden, entdecken wir zu unserer Überraschung, daß wir auch für das offen sind, was der andere empfindet. Wenn das Herz offen ist, sind auch Augen und Geist offen, und wir erkennen, was in den Gesichtern und Herzen anderer Menschen vor sich geht. Wenn wir eine Straße entlanggehen, und irgendwo in der Ferne – so weit weg, daß wir kaum eine Chance haben einzugreifen – sehen wir einen Mann, der seinen Hund schlägt, können wir mit dem Austausch beginnen. Wir beginnen damit, es für den Hund zu tun, und erkennen, daß wir es für den Mann tun. Wir tun es auch für unser eigenes Herzeleid und für alle Tiere und Menschen, die mißhandeln und mißhandelt werden, und für alle Menschen, die zusehen und nicht wissen, was sie tun sollen. Nur durch diesen Austausch machen wir die Welt zu einem geräumigeren Ort mit mehr Liebe.

Eine traditionelle Lehre rät uns, alle fühlenden Wesen als unsere Mutter zu betrachten. Jeder ist einmal eines jeden Mutter gewesen, und wir hatten zu jedem irgendwann einmal eine innige Beziehung. Diese Lehre kam mir immer sehr altmodisch vor. Dann las ich ein Buch von Joanna Macy, in dem sie berichtet, wie sie in Indien war und einen Tibeter über dieses Thema lehren hörte. Es war so langweilig, daß sie nach draußen ging, um frische Luft zu schnappen. Auf einem Pfad kam ihr eine alte Frau entgegen, die unter der Last eines Holzbündels, das sie auf dem Rücken trug, ganz gebeugt ging. Plötzlich dachte sie: »Diese Frau war einst meine Mutter.« Obwohl sie schon vielen Männern und Frauen wie dieser in Indien begegnet war, die alle schwere Lasten trugen und so gebeugt gingen, daß man ihr Gesicht nicht sehen konnte, wollte sie das Gesicht dieser Frau sehen. Sie wollte erfahren, wer diese Frau war, weil sie nur noch den einen Gedanken hatte, daß diese Frau einst ihre Mutter gewesen war.

Aus der Geschichte von Joanna Macy habe ich etwas gelernt: Bei der Lehre, daß alle fühlenden Wesen unsere Mutter waren, geht es darum, sich für andere Menschen zu interessieren und neugierig und freundlich zu sein. Alle unbekannten Menschen auf der Straße sind unsere Geliebten gewesen, unsere Brüder und Schwestern, Väter und Mütter, Kinder und Freunde. Selbst wenn wir das nicht glauben, können wir uns fragen, wer sie sind, und ihnen Interesse und Neugier entgegenbringen. Sie sind genau wie wir selbst. Jeder lebt sein Leben und hält sich für den Mittelpunkt des Universums, aber niemand schenkt einem anderen allzuviel Aufmerksamkeit, außer auf sehr leidenschaftliche oder sehr aggressive Weise.

Die heutige Losung lautet: »Nimm die drei hauptsächlichen Ursachen an.« Die drei hauptsächlichen Ursachen sind das, was uns hilft, unser Herz offenzuhalten, uns in andere hineinzuversetzen und zu kommunizieren: der Lehrer, die Lehren und die kostbare menschliche Geburt.

Der Lehrer. Als erstes werden wir uns mit dem Lehrer beschäftigen. In den Lojong-Lehren wird der Lehrer als spiritueller Freund, als *Kalyanamitra* bezeichnet. Der Lehrer ist wie ein fortgeschrittener Krieger oder ein lernender Krieger, der auf dem Pfad schon weiter voran ist. Er ist jemand, der uns animiert, uns selbst auf den Pfad der Kriegerschaft zu begeben. Wenn wir ihn ansehen, werden wir an unsere eigene Sanftheit erinnert, an unsere eigene geistige Klarheit und an unsere eigene Fähigkeit, aus uns herauszugehen und uns zu öffnen. Irgend etwas an ihm spricht direkt zu unserem Herzen, und wir möchten diesen Menschen als Freund und Lehrer gewinnen. Dabei ist Vertrauen die wesentlichste Voraussetzung: Wenn wir in eine ernsthafte Beziehung zu einem Lehrer treten, versprechen wir, zu ihm zu halten, und er verspricht, zu uns zu halten.

Damit niemand auf die Idee kommt, diese Beziehung zu romantisieren, möchte ich wiederholen, was Trungpa Rinpoche einst sagte: »Die Rolle des spirituellen Freundes besteht darin, dich zu beschimpfen.« Das ist wahr. Es geht nicht darum, daß der spirituelle Freund uns anruft und mit Schimpfwörtern belegt oder uns einen Brief schickt, in dem steht, was für ein Trottel wir sind. Es geht vielmehr darum, daß der spirituelle Freund eine ultimative Nervensäge ist. All unsere blinden Flecken kommen durch den spirituellen Freund ans Tageslicht. Der einzige Unterschied zwischen dem spirituellen Freund und jedem anderen Menschen, mit dem wir zu tun haben, ist, daß wir das Versprechen gegeben haben, mit ihm oder ihr durch Dick und Dünn zu gehen, im Guten wie im Schlechten, in Reichtum und Armut, in Krankheit und Tod. Wir sind heutzutage nicht besonders gut darin, Versprechen zu halten; wir leben in einem Zeitalter, in dem Versprechen nicht allzuviel gelten. Wenn wir eine Beziehung zu einem spirituellen Freund eingehen, müssen wir ein wirklich starkes Bedürfnis danach haben. Statt des gemütlichen und nährenden Idylls, das wir uns am Anfang vorstellen – daß der Lehrer immer freundlich ist und uns den Vater oder die Mutter ersetzt, die uns nie geliebt haben, oder daß er der Freund ist, der uns bedingungslos liebt –, lernen wir eine Beziehung kennen, in der wir anfangen, die Pickel auf der eigenen Nase zu sehen, und der Spiegel an der Wand uns nicht sagt, daß wir die Schönste im ganzen Land sind. In dem Maß, in dem alles in dieser Beziehung enthalten ist, beginnen wir, es wahrzunehmen.

Wenn man mit Trungpa Rinpoche zusammen war, kam man sich vor, als hätte man Teil an einem großen Plan. Oft sprach er sehr wenig. Man hatte ein scheinbar riesengroßes Problem. Wenn man schließlich mit ihm darüber redete, schien es plötzlich nicht mehr so wichtig zu sein. Trotzdem fing man an, seine Emotionen hochzukochen, aber er saß oft nur da, schaute vielleicht aus dem Fenster oder fing an zu gähnen. Aber obwohl er nur dasaß und zuschaute und zuhörte, hatte man plötzlich das Gefühl, in sich selbst hineinsehen zu können. Auch wenn man in einer Gruppe war, und es schien, als würde man nicht beachtet, wurde einem die eigene Unbeholfenheit plötzlich bewußt.

Mit Hilfe unseres Lehrers erkennen wir plötzlich all die Tricks, mit denen wir uns durchschummeln, und merken, wie wir sie einsetzen, um gut dazustehen. Plötzlich wird uns klar, was wir die ganze Zeit über tun. Aber wir haben dieses Versprechen gegeben – vor dem wir nicht weglaufen und das wir nicht widerrufen werden. Diesmal halten wir es. Wenn wir mit unserem spirituellen Freund zusammen sind oder auch nur an ihn oder sie denken, beginnen wir, Neurosen als Neurosen zu erkennen. Das spornt uns an, die Lehren anzuwenden. Und schließlich möchten wir es zu unserem Lebensstil werden lassen. Der spirituelle Freund sichert keineswegs unsere Existenz, aber er dient uns als Spiegel, in dem wir sehen können, woran es bei uns hapert. Die Beziehung spornt uns zum Aufwachen an.

Das wichtigste an der Beziehung zum spirituellen Freund ist, daß sie ein Übungsfeld für alle Situationen des täglichen Lebens darstellt. Hier üben wir, jeder Nervensäge und jedem Herausforderer dankbar zu sein und nicht nur dem spirituellen Freund. Wir erkennen, daß alles, was geschieht, wenn wir wirklich aus der Reserve gelockt werden, unser Lehrer ist. Wenn unsere Fassade weggepustet wird, lernen wir, genau diese Situation als unseren Lehrer zu betrachten. Wir begreifen, daß wir wissen, was wir zu tun haben, lassen uns unmittelbar auf den Schmerz ein und nutzen ihn, um in Kontakt mit dem Schmerz aller fühlenden Wesen zu kommen. Wenn wir begeistert und glücklich sind, können wir das mit anderen teilen und ein Gefühl von Verbundenheit entwickeln.

Die Lehren und Praktiken. Die zweite Hauptursache sind die Lehren und Praktiken. Es hilft uns sehr weiter, wenn wir betrachten, was wir tun, anstatt es gegen uns selbst zu verwenden oder davor wegzulaufen. Die Lehren und Praktiken geben uns einen starken Ansporn, unser Herz weiter zu öffnen, uns auf das einzulassen, was passiert, uns nicht zuzumachen und unsere Offenheit auf andere fühlende Wesen auszudehnen. Wenn uns der Spiegel gerade mitgeteilt hat, daß wir nicht der oder die Schönste im ganzen Land sind, und wir uns schämen und unzulänglich fühlen, wird uns langsam klar, daß es in diesem Moment viele andere Menschen gibt, die dasselbe empfinden. Wir können es für die anderen mit einatmen. Wenn wir glücklich sind, fangen wir an, auch an andere zu denken und allen Lebewesen zu wünschen, daß sie glücklich sind.

Kostbare menschliche Geburt. Die erste hauptsächliche Ursache ist also der Lehrer, der uns als Vorbild dient und das Leben an sich repräsentiert und der auch ein verstärkter Hinweis darauf ist, sich nicht länger an sich selbst festzuklammern. Die zweite sind die Lehren und Praktiken, die uns als Hilfsmittel zum Öffnen des Herzens dienen. Die dritte Ursache ist die kostbare menschliche Geburt. Wir müssen uns glücklich schätzen, wenn wir nicht hungern, wenn wir Nahrung und ein Dach über dem Kopf haben und das Glück haben, die Lehren zu hören und Methoden zum Wachwerden vermittelt zu bekommen. Wir müssen uns glücklich schätzen, mit einer hohen Intelligenz ausgestattet zu sein und uns den Luxus erlauben zu können, zu forschen und zu fragen, warum wir selbst leiden und warum andere leiden.

Eine weitere Losung sagt: »Übe dich jetzt in den wichtigen Punkten.« Das soll bedeuten, daß jetzt die entscheidende Zeit für uns alle ist. Jeder hat alles, um sein Herz zu öffnen und wirklich und echt mit anderen zu arbeiten. Jeder hat eine kostbare menschliche Geburt. Wir hungern nicht in Somalia. Wir leben nicht in einem Land, wo man uns beibringt, jeden zu erschießen, der auf der anderen Seite steht. Wir sind unglaublich bevorzugt, und deshalb ist es für uns jetzt an der Zeit, uns in den wesentlichen Punkten zu üben.

In der Losung »Achte darauf, daß die drei niemals schwinden«, geht es um Dankbarkeit für den eigenen Lehrer, um Dankbarkeit für die Lehren und für die Praxis und um das Versprechen, die grundlegenden Gelübde einzuhalten, die wir abgelegt haben. Dankbarkeit für den Lehrer beginnt mit dem Versprechen, diesen einen Menschen nie im Stich zu lassen, der versprochen hat, uns ebenfalls nie im Stich zu lassen. Wenn ich an meinen eigenen Lehrer denke, empfinde ich ununterbrochen tiefe Dankbarkeit, praktisch in jedem Moment meines Lebens. Es ist Dankbarkeit dafür, daß es jemanden gegeben hat, der mutig und humorvoll und mitfühlend genug war, in meinen dicken Schädel hineinzubekommen, daß es keinen Ort gibt, an dem man sich verstecken kann. Ich empfinde Dankbarkeit für die Lehren und die Praxis, weil sie gute Medizin sind und weil sie uns helfen, den empfindlichen Punkt freizulegen, der sehr lange versteckt war.

Schließlich sollen wir darauf achten, daß das Zufluchtsgelübde und die Bodhisattvagelübde niemals ins Wanken geraten. Das Zufluchtsgelübde ist ein Versprechen, keine sicheren Inseln zu suchen, sondern zu lernen, wie man springt, wie man fliegt, wie man das Nest verläßt und in unbekanntes Land vordringt, nicht länger gehemmt durch kleinliche, egozentrische Ansichten und Meinungen. Das Bodhisattvagelübde ist Praxis mit hohem Einsatz, weil es bedeutet, sein Privatleben und das Streben nach Bequemlichkeit aufzugeben, weil das der Weg ist, sein Herz für sich und alle fühlenden Wesen wacher werden zu lassen.

Im allgemeinen sollten wir darauf achten, daß unsere Dankbarkeit und Wertschätzung für alles, was uns begegnet, niemals nachlassen. Ob wir das, was uns begegnet, als Glück oder Unglück ansehen: Wertschätzung für das Leben kann uns wach werden lassen und uns Mut machen, uns ehrlich auf alles einzulassen, was zur Tür hereinkommt.

22

Übe mit ganzem Herzen

Jetzt wird es Zeit, die Reise fortzusetzen und »auf Worte Taten folgen zu lassen«. Eine der abschließenden Losungen lautet: »Beachte diese beiden, auch unter Lebensgefahr.« Sie bezieht sich noch einmal auf die Zuflucht- und Bodhisattvagelübde. Das klingt nach Notfall – »auch unter Lebensgefahr« – und sagt, daß wir keine Angst davor haben sollen, das Nest zu verlassen. Wir brauchen keine Angst zu haben, den Boden unter den Füßen zu verlieren, daß alles auseinanderfällt oder daß wir nicht haben, was wir brauchen.

Das Wesentliche des Zufluchtgelübdes auch unter Lebensgefahr zu beachten, bedeutet dasselbe wie »Keine Ausflucht, kein Problem«. Das Bodhisattvagelübde zu beachten, bedeutet, sich in andere hineinzuversetzen und Mitgefühl für sich und andere zu entwickeln. Auch unter Lebensgefahr, wenn es richtig weh tut, soll man es einatmen und an die ganzen anderen Menschen denken, die Leid erdulden. Wenn man etwas Schönes erlebt, soll man es weggeben und allen Menschen wünschen, daß auch sie so etwas Schönes erleben. Das ist das Wesentliche dieser Losung. Es ist eine revolutionäre Idee.

Hier noch eine letzte Geschichte über das Sich-in-andere-Hineinversetzen. Ich lernte mal einen jungen Mann kennen, der den größten Teil seines Lebens spirituelle Wege beschritten hatte. Er war wach, aber selbstgerecht. Er litt an etwas, das man spirituellen Hochmut nennt. Er beklagte sich über seine Freundin, die ziemliche Probleme damit hatte, sich das Rauchen abzugewöhnen. Durch die Entzugssymptome trat eine alte Eßstörung wieder auf. Der junge Mann sagte ihr, daß sie sich nicht so hängen lassen und diszipliniertér sein sollte. Worauf sie ihm antwortete: »Ich versuche es. Ich versuche es wirklich. Ich versuche es, so gut ich kann.« Er war wütend, weil er nicht das Gefühl hatte, daß sie sich bemühte. Er sagte: »Ich weiß, daß ich mich nicht so darüber aufregen sollte. Ich weiß, daß ich mehr Mitgefühl aufbringen sollte. Aber ich kann nichts dagegen machen. Es regt mich einfach auf. Ich möchte mehr Verständnis aufbringen, aber sie ist so störrisch.« Dann hörte er sich selbst sagen: »Ich versuche es. Ich versuche es wirklich. Ich versuche es, so gut ich kann.« Als er sich selbst in *ihren* Worten sprechen hörte, begriff er plötzlich. Er verstand, wogegen sie ankämpfen mußte, und plötzlich schämte er sich.

Ich glaube, daß wir alle wie Adler sind, die vergessen haben, daß sie fliegen können. Die Lehren erinnern uns daran, wer wir sind und was wir können. Sie helfen uns zu begreifen, daß wir in einem Nest voll überflüssig gewordener Dinge, alten Tagebüchern, Exkrementen und abgestandener Luft hocken. Von frühester Kindheit an hatten wir Sehnsucht nach den fernen Bergen, wollten den weiten Himmel und die großen Ozeane erkunden, aber irgendwie sind wir in dem Nest hängengeblieben, weil wir einfach vergessen haben, wie man fliegt. Wir sind Adler, aber wir tragen Unterwäsche, Hose und Hemd, Socken und Schuhe, Hut und Mantel, Stiefel und Fausthandschuhe, einen Walkman und eine Sonnenbrille, und es dämmert uns, daß wir den weiten Himmel erkunden könnten, aber daß wir vorher einiges von diesem Zeug loswerden müssen. Also ziehen wir Mantel und Hut aus, und es ist kalt, aber wir wissen, daß es sein muß, und wir zittern am Nestrand und ziehen die Sachen aus. Dann kommen wir von selbst darauf, daß alles weg muß. Man kann einfach nicht fliegen, wenn man Socken und Schuhe, Mantel und Hose und Unterwäsche anhat. Alles muß weg.

Marpa der Übersetzer war Milarepas Lehrer. Er legte den weiten Weg von Tibet nach Indien dreimal zu Fuß zurück, um die Lehrtexte zu finden. Als er eines Tages von Indien nach Tibet zurückkehrte, begegnete er einem Gefährten, mit dem er sich öfters traf, um zu vergleichen, wer die meisten Lehrtexte gefunden hatte. Der Gefährte wurde eifersüchtig, weil er sah, daß Marpa erfolgreicher gewesen war. Als sie sich in einem Boot in der Mitte eines reißenden Flusses befanden, nahm der Freund alle Texte, die Marpa gesammelt hatte, und warf sie über Bord. Gibt es eine bessere Gelegenheit, Tonglen zu praktizieren? Marpa war nicht gerade entzückt über das Verhalten seines Freundes. Aber als er nach Tibet zurückkam, wurde ihm klar, daß er etwas aus all den Büchern gelernt hatte. Er brauchte gar nicht alles in geschriebener Form zu besitzen. Er hatte etwas verstanden. Er hatte etwas verdaut. Die Lehren und er waren eins geworden.

Auch jeder von uns hat etwas gelernt. Und genau das nehmen wir aus dem Lesen, Hören und Praktizieren der Lehren mit. Es sind Einsichten, die Bestandteil unseres Wesens geworden sind und Bestandteil der Art und Weise, wie wir Dinge sehen, hören und schmecken.

Wir alle arbeiten hart daran, an den Lehren festzuhalten und es »hinzukriegen«, aber in Wirklichkeit sickert die Wahrheit nur langsam ein, wie Regen in sehr harten und trockenen Erdboden. Der Regen ist sehr sanft, und wir weichen langsam auf, jeder in seinem eigenen Tempo. Aber wenn das passiert, hat sich etwas Grundlegendes verändert. Der harte Boden ist weich geworden. Es passiert offenbar nicht dadurch, daß wir versuchen, es hinzukriegen oder zu packen. Es passiert, wenn man losläßt. Es passiert, wenn man seinen Geist entspannt. Und es passiert, weil das Verlangen da ist, mit sich und anderen zu kommunizieren. Jeder von uns findet seinen eigenen Weg.

Die allerletzte Losung lautet: »Übe aus ganzem Herzen.« Man könnte auch sagen: »Lebe aus ganzem Herzen.« Laß alles deinen Geist anhalten und dein Herz öffnen. Man könnte auch sagen: »Stirb aus ganzem Herzen, Augenblick um Augenblick.« Laß dich selbst sterben, Augenblick um Augenblick.

Ich habe eine Freundin, die schwer krank ist. Krebs im Endstadium. Letzte Nacht hat Dzongzar Khyentse Rinpoche sie angerufen, und die ersten Worte, die er ihr sagte, waren: »Denk auch nicht einen Moment lang, du würdest nicht sterben.« Das ist ein guter Rat für uns alle, er wird uns helfen, mit ganzem Herzen zu leben und zu praktizieren.

Die Lehren sind nicht greifbar, auch wenn sie noch so handfest wirken: Wenn es weh tut, atme es ein, wenn es schön ist, strahle es aus. Wir haben das nicht irgendwann endgültig und völlig »drauf«. Wir können Trungpa Rinpoches Kommentare zum Geisttraining lesen und den Text von Jamgon Kongtrul. Wir sollten sie lesen und versuchen, sie auf unser Leben anzuwenden. Wir sollten uns dauernd von ihnen lenken und leiten lassen und uns von ihnen anspornen lassen zu verstehen, was es heißt, sich in andere hineinzuversetzen. Was bedeutet das wirklich? Und was bedeutet es, ein Kind der Illusion zu sein? Was bedeutet es, sich selbst alle Schuld zu geben oder jedem dankbar zu sein? Was ist überhaupt Bodhicitta? Der Versuch, anderen diese Lehren zu vermitteln, ist für mich eine Chance, sie besser zu verdauen. Praktiziert diese Lehren und nehmt sie euch zu Herzen. Macht sie euch zu eigen und gebt sie an andere weiter.

Anhang

Der Wurzeltext der Sieben Punkte des Geisttrainings Chekawa Yeshe Dorje

Erster Punkt:
Die vorbereitenden Übungen, die Grundlage der Dharmapraxis
Ich werfe mich nieder vor dem Erhabenen Mitfühlenden
Übe dich zuerst in den Vorbereitungen.

Zweiter Punkt:
Die Hauptpraxis, das Üben von Bodhicitta
Absolutes Bodhicitta
Betrachte alle Dharmas als Träume.
Erforsche die Natur des ungeborenen Gewahrseins.
Selbst-befreie sogar das Gegenmittel.
Ruhe in der Natur von Alaya, der Essenz.
In der Zeit nach der Meditation sei ein Kind der Illusion.

Relatives Bodhicitta
Geben und Nehmen soll man abwechselnd üben. Der Wechsel sollte im Atemrhythmus geschehen.
Drei Objekte, drei Gifte und drei Samen der Tugend.
Übe bei allen Handlungen mit diesen Losungen.
Beginne mit Geben und Nehmen bei dir selbst.

Dritter Punkt:
Umwandlung widriger Umstände in den Pfad der Erleuchtung

Wenn die Welt voller Übel ist, dann verwandle alle Widrigkeiten in den Pfad des Bodhi.
Gib einem alle Schuld.
Sei jedem dankbar.
Um Verwirrung als die vier Kayas anzusehen, ist Shunyata ein unübertrefflicher Schutz.
Die vier Übungen sind die besten Methoden.
Was immer dir unerwartet begegnet, verbinde es sogleich mit Meditation.

Vierter Punkt:
Anwendung der Praxis auf das ganze Leben
Übe die fünf Kräfte, die Essenz der Herzunterweisungen.
Die Mahayana-Anweisungen für das Ausschleudern des Bewußtseins im Moment des Todes sind die fünf Kräfte: Wichtig ist, wie man sich verhält.

Fünfter Punkt:
Auswertung des Geisttrainings
Alle Dharmas stimmen in einem Punkt überein.
Wenn du es mit zwei Zeugen zu tun hast, dann halte dich an den Hauptzeugen.
Bewahre immer einen fröhlichen Geist.
Wenn du trotz Ablenkungen praktizieren kannst, bist du gut geübt

Sechster Punkt
Disziplin des Geisttrainings
Halte dich stets an die drei grundlegenden Prinzipien.
Ändere deine Einstellung, doch bleibe natürlich.
Sprich nicht über verletzte Glieder.
Denke nicht über die Angelegenheiten anderer nach.
Arbeite zuerst an den größten Verblendungen.

Gib jede Hoffnung auf Belohnung auf.
Meide vergiftete Nahrung.
Sei nicht so berechenbar.
Rede nicht schlecht über andere.
Sei nicht hinterhältig.
Treibe nichts auf die Spitze.
Lade einer Kuh nicht die Last eines Ochsen auf.
Versuche nicht, der Schnellste zu sein.
Handle nicht verdreht.
Mache Götter nicht zu Dämonen.
Baue dein Glück nicht auf den Schmerz anderer.

Siebter Punkt:
Richtlinien des Geisttrainings
Alle Tätigkeiten sollten mit einer Absicht ausgeführt werden.
Berichtige alles Falsche mit einer Absicht.
Zwei Handlungen: eine am Anfang – eine am Ende.
Welche von den beiden auch geschehen mag, sei geduldig.
Beachte diese beiden, auch unter Lebensgefahr.
Übe dich in den drei Schwierigkeiten.
Nimm die drei hauptsächlichen Ursachen an.
Achte darauf, daß die drei niemals schwinden.
Halte die drei untrennbar zusammen.
Übe dich unvoreingenommen in allen Bereichen. Es ist sehr wichtig, dies immer umfassend und aus ganzem Herzen zu tun.
Meditiere stets über alles, was Unwillen hervorruft.
Laß dich nicht durch äußere Umstände beeinflussen.
Übe dich jetzt in den wichtigen Punkten.
Interpretiere nicht falsch.
Sei nicht wankelmütig.
Übe aus ganzem Herzen.

Befreie dich selbst durch Untersuchen und Analysieren.
Schwelge nicht in Selbstmitleid.
Sei nicht eifersüchtig.
Sei nicht leichtfertig.
Erwarte keinen Beifall.

Wenn die fünf dunklen Zeitalter anbrechen,
ist dies der Weg, sie in den Pfad des Bodhi umzuwandeln.
Dies ist die Essenz des *Amrita* der mündlichen Unterweisungen,
die durch die Tradition des Weisen von Suvarnadvipa überliefert wurde.

Indem ich das Karma früherer Übungen wachrief, und durch starke Hingabe angetrieben,
mißachtete ich Unglück und Beschimpfungen
und erhielt mündliche Anweisungen zur Zähmung der Ich-Verhaftung.
Nun habe ich selbst im Tod nichts zu bereuen.

Literatur

Chödrön, Pema: *Dharma als Lehre, Dharma als Erfahrung*. Braunschweig: Aurum, 1992.

Kongtrul, Jamgon: *Der große Pfad des Erwachens. Ein Kommentar zur Mahayana-Lehre der Sieben Punkte der Geistesübung*. Zürich: Theseus, 1993. [T. d. amerik. Orig.-Ausg.: Kongtrül, Jamgön: *The Great Path of Awakening*. Boston and London: Shambhala 1987.]

Trungpa, Chögyam: *Das Buch vom meditativen Leben. Die Shambhala-Lehren vom Pfad des Kriegers zur Selbstverwirklichung im täglichen Leben*. Reinbek: Rowohlt, 1991. [T. d. amerik. Orig.-Ausg.: Trungpa, Chögyam: *Shambhala: The Sacred Path of the Warrior*. Boston and London: Shambhala, 1984.]

Trungpa, Chögyam: *Das Herz des Buddha. Buddhistische Lebenspraxis im modernen Alltagsleben*. München: Barth, 1993.

Trungpa, Chögyam: *Der Mythos Freiheit und der Weg der Meditation*. Zürich: Theseus, 1994, 2. Auflage.

Trungpa, Chögyam: *Spirituellen Materialismus durchschneiden*. Zürich: Theseus, 1989.

Trungpa, Chögyam: *Training the Mind and Cultivating Loving-Kindness*. Boston and London: Shambhala, 1993.

Losungskarten

Losungskarten als Hilfsmittel für das Geisttraining erhalten Sie bei:

Alaya
Elke Puts
Sonnenhang 21
35041 Marburg

Meditationszentren

Informationen über Meditationskurse und das Shambhala-Training erhalten Sie von:

Shambhala International
1084 Tower Road
Halifax, N.S. B3H 2Y5 (Kanada)
Tel.: (001) 902-4254275
Fax: (001) 902-4232750
www.shambhala.org

Shambhala Europa
Kartäuserwall 20
50678 Köln
Tel.: 0221-3102400
Fax: 0221-3102450
www.shambhala.info

Dechen Chöling
Shambhala Landzentrum
Les Mas Marvent
87700 Saint Yriex sous Aixe (Frankreich)
Tel.: (0033) 550-35552
Fax: (0033) 550-39174
www.dechencholing.org

Shambhala Centrum Amsterdam
1e J.v. Campenstraat 4
1072 BE Amsterdam (Niederlande)
Tel.: (0031) 20-6794753
www.shambhala.nl

Bern Shambhala Meditationszentrum
Laubeggstr. 22
3006 Bern (Schweiz)
www.bern.shambhala.ch

Shambhala-Zentrum Bonn
Rittershausstraße 15
53113 Bonn
Tel.: 0228-222341
Fax: 0228-265238
www.shambhala.org/center/bonn/hp_ds.html

Shambhala-Zentrum Freiburg i.B.
Stühlingerstraße 8
79115 Freiburg
Tel.: 0761- 276459

Shambhala-Zentrum Hamburg e.V.
Thedestraße 99
22767 Hamburg
Tel.: 040-3895235

Karma Dzong Shambhala-Zentrum Marburg e.V.
Zwetschgenweg 23
35037 Marburg
Tel.: 06421-33607

Dharmadhatu-Shambhala Zentrum München e.V.
Welfenstraße 12
81541 München
Tel.: 089-4488452

Shambhala-Zentrum Wien
Westbahnstraße 32-34/2/22
1070 Wien (Österreich)
Tel.: (0043) 1-5233259

Informationen über Kurse und Studienmöglichkeiten am Naropa-Institut erhalten Sie bei:

The Naropa Institute
2130 Arapahoe Ave.
Boulder, CO 80302 (USA)
Tel.: (001) 303-4440202

Verzeichnis der Losungen

Achte darauf, daß die drei niemals schwinden.

Alle Dharmas stimmen in einem Punkt überein.

Alle Tätigkeiten sollten mit einer Absicht ausgeführt werden.

Ändere deine Einstellung, doch bleibe natürlich.

Arbeite zuerst an den größten Verblendungen.

Baue dein Glück nicht auf den Schmerz anderer.

Beachte diese beiden, auch unter Lebensgefahr.

Befreie dich selbst durch Untersuchen und Analysieren.

Beginne mit Geben und Nehmen bei dir selbst.

Berichtige alles Falsche mit einer Absicht.

Betrachte alle Dharmas als Träume.

Bewahre immer einen fröhlichen Geist.

Denke nicht über die Angelegenheiten anderer nach.

Die Mahayana-Anweisungen für das Ausschleudern des Bewußtseins im Moment des Todes sind die fünf Kräfte: Wichtig ist, wie man sich verhält.

Die vier Übungen sind die besten Methoden.

Drei Objekte, drei Gifte und drei Samen der Tugend.

Erforsche die Natur des ungeborenen Gewahrseins.

Erwarte keinen Beifall.

Geben und Nehmen soll man abwechselnd üben. Der Wechsel sollte im Atemrhythmus geschehen.

Gib einem alle Schuld.

Gib jede Hoffnung auf Belohnung auf.

Halte dich stets an die drei grundlegenden Prinzipien.

Halte die drei untrennbar zusammen.

Handle nicht verdreht.

In der Zeit nach der Meditation sei ein Kind der Illusion.

Interpretiere nicht falsch.

Lade einer Kuh nicht die Last eines Ochsen auf.

Laß dich nicht durch äußere Umstände beeinflussen.

Mache Götter nicht zu Dämonen.

Meditiere stets über alles, was Unwillen hervorruft.

Meide vergiftete Nahrung.

Nimm die drei hauptsächlichen Ursachen an.

Rede nicht schlecht über andere.

Ruhe in der Natur von Alaya, der Essenz.

Schwelge nicht in Selbstmitleid

Sei jedem dankbar.

Sei nicht eifersüchtig.

Sei nicht hinterhältig.

Sei nicht leichtfertig.

Sei nicht so berechenbar.

Sei nicht wankelmütig.

Selbst-befreie sogar das Gegenmittel.

Sprich nicht über verletzte Glieder.

Treibe nichts auf die Spitze.

Übe aus ganzem Herzen.

Übe dich in den drei Schwierigkeiten.

Übe dich jetzt in den wichtigen Punkten.

Übe dich unvoreingenommen in allen Bereichen. Es ist sehr wichtig, dies immer umfassend und aus ganzem Herzen zu tun.

Übe dich zuerst in den Vorbereitungen.

Übe die fünf Kräfte, die Essenz der Herzunterweisungen.

Um Verwirrung als die vier Kayas anzusehen, ist Shunyata ein unübertrefflicher Schutz.

Was immer dir unerwartet begegnet, verbinde es sogleich mit Meditation.

Welche von den beiden auch geschehen mag, sei geduldig.

Wenn die Welt voller Übel ist, dann verwandle alle Widrigkeiten in den Pfad des Bodhi.

Wenn du es mit zwei Zeugen zu tun hast, dann halte dich an den Hauptzeugen.

Wenn du trotz Ablenkungen praktizieren kannst, bist du gut geübt.

Zwei Handlungen: eine am Anfang – eine am Ende.

Das Erwachen unseres Geistes

Pema Chödrön

Liebende Zuwendung – Freude im Herzen

152 Seiten,
Hardcover
ISBN 978-3-899001-331-3

Dieses Buch lehrt uns, ja zu sagen zum Leben und Freundschaft zu schließen mit uns selbst, mit der Welt und mit allem, was sie uns an Freude und Leid zu bieten hat.

Liebende Zuwendung bedeutet, dass wir so verrückt, so wütend, so ängstlich und so eifersüchtig sein dürfen, wie wir es nun mal sind. Die Basis unserer Übung sind wir selbst, in diesem Augenblick.